예수의 눈물

이 호 식

도서출판 예랑

이호식

저서
월간지 '말씀안으로' 발행
믿음과 믿는다는 것
떡과 포도주
창세기 산책
어느 바리새인의 고백

예수의 눈물

지은이_ 이호식
E-mail:ddd2510@hanmail.net

초판 1쇄 인쇄_ 1991.08.01
재판 1쇄 발행_ 2021.07.01
발행처_ 도서출판 예랑
발행인_ 김창호
등록번호_ 제 11-390호 1994년 7월 22일

주소_ 경기도 의왕시 고천동 117
전화_ 010-2211-4111
팩스_ 031-696-6366

http://cafe.daum.net/entebiblo

ISBN 978-89-88137-07-9 03210
정가_ 15,000원   ⓒ 이호식 2021

예수의 눈물을

같이 나눌 사람들을 위하여

차례

머리말

사도 바울은 자신이 그토록 심혈을 기울여 복음을 전했던 갈라디아 교회를 향하여 '너희의 복이 지금 어디 있느냐'고 책망한 바 있다. 이상한 사람들이다. 바울에게 있어서 갈라디아의 교회들은 참으로 이상한 존재였다. 어쩌면 그렇게 그리스도의 은혜를 헌신짝처럼 버리고 다른 복음으로 달려갈 수 있었는지. 어쩌면 그렇게 성령으로 시작하였다가 육체로 마치게 되었는지. 어쩌면 그렇게 은혜 아래 머물지 못하고 율법으로 돌아가게 되었는지.

복 있는 사람은 악인의 꾀를 좇지 아니하며 죄인의 길에 서지 아니하며 오만한 자의 자리에 앉지 아니하고 오직 여호와의 율법을 즐거워하여 그 율법을 주야로 묵상한다. 복 있는 사람은 율법을 지키려고 혼신의 노력을 경주하는 사람이 아니다. 이 땅위에서 하나님 나라를 위하여 물질과 시간과 정열을 투자해 두는 사람도 아니다.

다만 여호와의 율법이 즐거운 사람이다. 들여다보고만 있어도 즐겁고 무슨 뜻인지 깨달아지면 저 하늘에 천국이 없어도 좋은 사람이다.

신앙생활이란, 말씀이 즐거움이 되는 생활을 말한다. 그 즐거움 때문에 세상에서의 어려움은 문제가 되지 않는다. 인생사의 여러 고통들을 참고 사는 것이 아니고 말씀이 주는 즐거움 때문에 고통이 고통으로 여겨지지 않는 삶이다. 신앙생활을, 죽음 이후를 대비한 투자로 생각하는 것은 그러므로 오해다. 신앙생활은 오늘의 기쁨이요, 오늘의 충만함이며, 오늘의 행복이다.

하나님의 말씀은 우리에게 어려운 것도 아니고, 멀리 있는 것도 아니며, 가져다 행해야 할 어떤 것도 아니다. 다만 우리 입에 있어야 하고 우리 마음에 있어야 한다. 우리 마음에 즐거움이 되어야 할 말씀이 우리를 억누르는 짐이 되는 사람은 스스로의 고난 중에서 망할 것이다.

말씀만이 우리 발에 등이고 우리 길에 빛이다. 충성도 아니고 헌신도 아니며 노력도 봉사도 아니다. 오늘 이 땅의 기독교는 돌이켜야 한다. 세상을 향해 회개하라고 외칠 일이 아니고 스스로 회개해야 한다. 그리고 말씀 안에서 살며 자라가야 한다. 그러지 않으면 반드시 망할 것이다. 비록 스스로 자긍하여 '무슨 소리 하느냐, 우리는 부자라 부요하여 부족한 것이 없다'고 할지 모르지만, 사실은 곤고함이요, 가난함과 빈약함에 불과함을 모르고 있다.

스스로 돌이켜, 우리가 과연 성경이 말하는 '화 있을진저'의 대상인지 '복 있는 사람'의 대상인지를 생각하자. 성경의 말씀과 내면의 소리에 귀를 기울인다면 그래도 우리는 희망이 있다. 그러기 위해서 지금 철저히 절망하고 지금 완전히 무너지자. 지금 스스로 무너지면 긍휼을 입겠지만, 돌 하나도 돌 위에 남지 않고 무너질 때까지 기다린다면 그때 절망할 것이다.

내가 생존 세계에서 여호와 앞에 행하리로다.

내가 믿는 고로 말하리라.

내가 경겁 중에 말하기를

모든 사람은 거짓말쟁이라 하였도다 (시116:9-11).

시편 저자가 당시의 유대교인들 때문에 당한 곤란과 아픔, 그리고 유대인들의 그 번창을 향하여 거짓이라고 통곡하는 그 눈물이 자기 삶이 아닌 사람은, 자신이 곧 유대교인이요, 따라서 재림하는 예수를 다시 십자가에 못 박을 사람이라는 사실을 깨달아야 한다.

말씀 안에서 기쁜 사람은 세상을 향해서는 우는 사람이다. 우리는 어디서 기뻐하고 무엇 때문에 우는 사람인가.

예수의 눈물! 바로 나의 눈물이어야 한다.

1

성경의 기독교인가
기독교의 성경인가

마6:22-23

눈은 몸의 등불이니

그러므로 네 눈이 성하면

온 몸이 밝을 것이요

눈이 나쁘면

온 몸이 어두울 것이니

그러므로 네게 있는 빛이 어두우면

그 어두움이 얼마나 하겠느뇨.

자유론으로 유명한 J. S. 밀은 '일반화된 진리는 이미 그 속에 오류를 내포한다.'는 말을 한 바 있다. 아무리 세상 모든 사람이 그렇다고 인정하는 사실(진리)이라고 할지라도 그것이 자기 속에서 자기 것이 된 진리가 아니라면 그것은 이미 진리로서의 가치성을 상실한다는 점을 간파하여 한 말로 볼 수가 있겠다. 이 점은 신앙의 영역이 아니더라도 진리를 추구하는 사람들에게 요구되는 제1의 가치라고 할 수 있으며 철학이나 신앙의 영역에 있어서는 정말 아무리 강조한다고 해도 지나치지 않을 문제다.

　그러나 오늘날 기독교의 모습을 보노라면 자기 내면에서 갈등하고 고민하여 이르러야 할 진리들에 대하여 너무 쉽게 정답을 제공함으로써 무엇이 진리인가에 대한 답은 알면서도 전혀 자기 것으로 소화하지 못하고 성경과 겉도는 기독교인을 양산하고 있지 않나 생각되어 안타깝기 짝이 없다. 이러한 신앙의 행태는 결국 단어의 모양이 기독교적이면 — 예를 들어 하나님 이라든지 구원이라든지 천국 등 — 모두 우리 편이고, 하는 말 이 기독교적이 아니면 모두 성경적이 아닌 양 치부하고, 진리를 향한 고민과 갈등의 모습에 대해 백안시하는 어리석음을 보이 고 있다.

그렇다면 과연 기독교는 성경적인가 하는 질문을 우리 스스 로 해 보아야 할 줄 안다. 어떤 분은 '아니, 그러면 기독교가 성 경적이 아니라는 말이냐?' 라고 따질지도 모르겠다. 물론 성경적 이 아니라는 말이 아니다. 다만 성경적이 아닐 수도 있다는 개 연성을 부인하지 말자는 말이다. 왜냐하면 성경이 먼저였지 기 독교가 먼저가 아니기 때문이다. 그러므로 마치 유대교가 하나 님을 믿고 구세주를 기다리는 신앙을 가지고 있었으면서도 결 과적으로 성경(구약)적이지 못했던 것처럼 오늘날 기독교도 예 수 그리스도를 믿고 하나님을 섬기며 영광의 재림을 소망하고 있다고 하더라도 얼마든지 성경적이 아닐 수도 있다는 말이다. 다만 기독교가 의미 있는 소망의 종교가 되려면 어디까지나 성 경적일 때만 가능하다. 성경의 기독교, 성경에 기초한 기독교여 야지 기독교가 마음대로 할 수 있는 기독교의 성경이어서는 안 된다는 말이다.

즉 기독교 내에 이미 형성된 제반 교리나 견해에 입각해서 성경을 볼 일이 아니라는 점이다. 이점은 오해의 소지가 있으므 로 부연한다면, 전기한 대로 이미 형성된 교리의 눈을 통하여 성경을 대하게 되면 성경을 교리화 할 수 있을지는 몰라도 진 리화, 자기화 할 수는 없다는 말이다. 이 말은 교리가 틀렸다는 말이 아니다. 교리가 옳다고 하더라도, 그것은 그 교리를 만들어 낸 사람의 진리일 뿐, 그것을 학습과정을 통해 습득한 사람에게 는 생명의 진리일 수 없다는 사실이다. 오히려 그러한 교리가 성경의 진리를 가로막는 장애요인이 될 수도 있으며 나아가서 는 기독교라는 틀이 성경으로 들어가려는 사람의 목덜미를 잡고 놓아주지 아니하는 우를 범할 수도 있다. (마태복음 23장 13 절의 '화있을진저 외식하는 서기관들과 바리새인이여, 너희는 천국 문을 사람들 앞에서 닫고, 너희도 들어가지 않고 들어가려 는 자도 들어가지 못하게 한다.'는 말씀은 바로 이 점을 경계한 말씀이다).

예를 하나 들어보자. 영화를 좋아하는 분들은 다 아실 일이지만, 흥행성이 좋은 영화 가운데 하나가 공포영화인데, 이들 공포영화의 일반적인 구조를 보면, 대부분 선한 신으로서의 하나님과 악한 신으로서의 사탄을 등장시키고, 그 둘 사이의 투쟁과 갈등을 사람과의 관계에서 표현하고 있다. 그런데 이러한 영화에 심취하고 나서 성경을 보면 영화에서 언급하고 있는 것들이 마치 성경에서 말하는 사실인 것처럼 착각하게 되는 경향이 있다. 즉 성경의 시각으로 영화를 감상하는 것이 아니라 영화의 눈으로 성경을 읽는다는 점이다. 분명한 사실은 영화가 반드시 성경적이어야 할 필요도 없고, 또 성경적으로 영화를 만들었다고 해서 장사가 잘 되는 것도 아니다. 그저 영화는 재미있어서 장사만 잘 되면 되는 사람들이 만든 것이라는 점을 간과하면 안 된다. 다만 그런 영화를 보고 얻을 점이 있다면 얼마나 그런 영화들이 비성경적인가를 참고했다면 그것으로 유익한 것이다.

마찬가지로 우리가 기독교의 교리나 역사에 안주하여, 거기에 젖어 살면서 성경을 보게 되면 다분히 기독교적 시각으로 성경을 보게 된다는 점이다. 이것이 문제다. 자신이 성경의 시각으로 성경을 보고, 거기서 기독교의 교리를 도출해 냈다면 그것은 의미 있는 사건일 수 있다. 그러나 거꾸로 기독교의 교리를 통하여 성경을 이해했다면 그것은 한편의 영화를 통하여 성경의 진리를 발견하려는 어리석음과도 같은 것이다.

그러므로 기독교는 성경이 원인이 된 하나의 결과적 실체라는 점을 알아야 한다. 결코 기독교가 원인이 되어서 성경이라는 경전을 만들어 내지 않았다는 사실을 유념한다면, 성경적이지만 기독교의 교리적이지는 못한 사실들을 수용하고 자기 것으로 만듦에 있어 과감해질 수 있을 것이다.

본문이 지적하고 있는 것은 바로 이러한 시각의 문제다. 성경을 보느냐 보지 않느냐의 문제가 아니다. 성경은 성경을 보라거나 보지 말라거나를 가르쳐야 할 대상을 향해 쓰이지 않았다. 성경은 성경을 보는 사람들을 향한 살아계신 하나님의 발언이다. 때문에 본문의 말씀도 몸의 등불인 눈이 있느냐 없느냐를 논하는 것이 아니라, 그 눈이 성하냐(ἁπλοῦς, 하플루스, 순수한, 건전한) 아니면 나쁘냐(πονηρòς, 포네로스, 악한)를 묻고 있는 것이다. 또한 눈이 성하고 나쁜 것이 육신적 시력의 정도가 아니라는 것쯤은 독자들께서도 쉽게 전제할 수 있을 줄 안다. 그렇다면 성한 눈과 나쁜(악한) 눈의 기준은 무엇이겠는가. 성경은 성한 눈으로 몸을 볼 때에만 온 몸이 밝을 것이고 눈이 나쁘면 온 몸도 어두울 것이라고 말하고 있다. 그러므로 우리는 먼저 우리의 눈이 과연 성한 눈인지 아니면 나쁜 눈인지에 관심을 기울여야 한다.

마태복음 20장에는 어떤 포도원 주인이 하루 한 데나리온씩 품꾼들과 약속을 하고 포도원 일을 시키는 기사가 기록되어 있다. 그런데 문제는 품삯을 받을 때 일어난다. 공교롭게도 주인은 나중(11시; 우리 시간으로는 오후 5시)에 온 사람들로부터 시작하여 한 데나리온씩을 주기 시작했는데 3시, 6시, 9시 등에 온 사람들이 자기들에게도 한 데나리온이 주어지는 것을 보고 주인을 원망하기 시작했다. 이 때 주인이 그들에게 하신 말씀을 통하여 우리는 '나쁜 눈'이 어떤 것인가를 알 수 있다. 20장 13절 이하를 보자.

주인이 그 중의 한 사람에게 대답하여 가로되 친구여 내가 네게 잘못한 것이 없노라. 네가 나와 한 데나리온의 약속을 하지 아니하였느냐. 네 것이나 가지고 가라. 나중 온 이 사람에게 너와같이 주는 것이 내 뜻이니라. 내 것을 가지고 내 뜻대로 할 것이 아니냐. 내가 선하므로 네가 악하게 보느냐. (마20:13-15).

여기서 15절 마지막 부분, 내가 선하므로 네가 악하게 보느냐 (ὁ ὀφθαλμός σου πονηρός ἐστιν ὅτι ἐγὼ ἀγαθός εἰμι;)를 직역한다면 '내가 선하기 때문에 너의 눈이 나쁘게 되었느냐'가 된다. 문제는 하나님의 선함이 인간들의 눈에는 악함으로 비쳤다는 사실이다. 즉 하나님의 기준(시각)으로는 하루에 12시간 일을 했거나 아니면 본문에서 보는 바와 같이 극단적으로 1시간만 일했거나를 막론하고, 한 데나리온을 주는 것이 하나님의 선(ἀγαθός) 이었다. 그러나 그러한 하나님의 시각을 바라보는 인간들의 시각은 하루에 1시간 일한 사람은 12시간 일한 사람과 동일한 대우를 받을 수 없다는 것이다. 이 문제는 어느 쪽이 맞느냐, 틀리느냐의 문제가 아니다. 왜냐하면 하나님의 발언도 일리(?)있는 말씀이고 인간들의 주장도 나름대로 타당성이 있기 때문이다 (적어도 오늘날 노동경제의 가치관으로 이 사건을 이해하려 든다면 그렇다).

그러나 하나님은 먼저 온 자들의, 단위노동에 대한 임금의 균등을 주장하는 논리를 '악한 눈'이라고 규정지었다. 문제는 여기에 있다. 이들 먼저 온 자들은 하나님의 시각으로 사건을 파악, 조명하려고 한 것이 아니라 자기들의 사회적 습관과 통념으로 하나님을 이해하려고 했던 것이다. 그리고 그 결과 하나님을 원망하게 되는 불상사가 벌어지는 것을 볼 수 있다. 즉 우리가 옳다고 생각하는 인식의 틀 — 그것이 비록 기독교의 교리라고 할지라도 — 속에서 하나님을 이해하려고 하게 되면 번번이 실패하고 나아가서는 하나님을 원망하고 성경에 대하여 불평을 늘어놓게 된다. 나쁜(악한) 눈이란 바로 이것이다. 대대로 내려온 우리 사회의 통념이기 때문에, 아니면 이러한 내용은 기독교의 교리기 때문에, 또는 윤리 도덕적으로 옳은 것이기 때문에 성경의 말씀이 하나님의 말씀이 되는 것은 아니다. 성경의 말씀은 하나님의 말씀이기 때문에 하나님의 말씀이다.

그러므로 인간이나 사회의 제도, 문화, 종교 등은 하나님의 말씀에 비추어 얼마나 그것들이 비성경적인가를 보여주는데 그들의 가치성이 있다고 하겠다. 그러지 아니하고 나타난 현상들을 통하여 성경을 이해하려든다면 그것은 영원히 풀리지 않는 수수께끼일 수밖에 없다.

따라서 오늘 본문인 마태복음 6장 23절의 마지막 부분, 그러므로 네게 있는 빛이 어두우면 그 어두움이 얼마나 하겠느뇨? (εἰ οὖν τὸ φῶς το ἐν σοι σκότος ἐστίν, τὸ σκότος πόσον; 네 속에 있는 빛이 '어두움'이면 그 '어두움'이 얼마나 심하겠느냐?)는 '악한 눈'을 부연 설명하는 말씀으로 이해할 수 있다. 우리 속에 빛이 빛으로 존재할 때에만 우리는 성한 눈으로 살 수 있다. 우리 속의 빛이 어두움이라면 우리의 눈은 늘 악한 것일 수밖에 없다는 사실을 인정해야 한다. 그래서 이사야도 이 점을 염려하여 미리 다음과 같이 경계한 바 있다.

악을 선하다 하며 선을 악하다 하며, 흑암(어두움)으로 광명(빛)을 삼으며 광명으로 흑암을 삼으며, 쓴 것으로 단 것을 삼으며 단 것으로 쓴 것을 삼는 그들은 화 있을진저… 그들은 뇌물로 인하여 악인을 의롭다하고 의인에게서 그 의를 빼앗는도다 (사5:20).

성경은 기독교의 경전이 아니다. 성경은 하나님의 말씀이다. 따라서 하나님 역시 기독교의 교주가 아님을 알아야 한다. 하나님은 온 인류와 온 우주의 하나님이다. 결코 어떤 한 종파의 교주일 수 없다. 그러므로 종교는 없어질 수 있어도 하나님은 없어질 수 없으며, 기독교는 심판의 대상이 될 수 있어도(벧전 4:17) 성경은 그럴 수 없으며, 오히려 세상과 기독교를 심판하는 주체다(요12:48). 아무리 기독교일지라도 그 기독교적 시각이, 성경을 성경으로 인정치 않는다면 — 어폐가 있지만 행간을 읽으시기 바란다 — 그것은 오히려 악한 눈이요 어두움일 뿐이다.

성경의 눈으로 기독교를 보고 세상을 보고 정치, 경제, 사회, 문화를 보자. 내가 유독 기독교, 기독교 하는 것은 그만큼 기독교를 사랑하고 있다는 표시다. 오해 없기를 바란다. 기독교가 몸의 등불이 되어서는 안 된다. 몸의 등불은 그리스도여야 한다 (계21:23).

> 당신의 제자들이 어찌하여 장로들의 유전을 범하나이까. 떡 먹을 때에 손을 씻지 아니하나이다. 대답하여 가라사대 너희는 어찌하여 너희 유전으로 하나님의 계명을 범하느뇨… 이 백성이 입술로는 나를 존경하되 마음은 내게서 멀도다. 사람의 계명으로 교훈을 삼아 가르치니 나를 헛되이 경배하는도다 (마 15:2-3, 8-9).

.

2

그의 글과 나의 말

요5:39-47

그러나

그의 글도

믿지 아니하거든

어찌

내 말을 믿겠느냐

유대인들의 종교가 무엇이었던가. 유일신 여호와 하나님을 믿고 섬기는 것 아니었던가. 그러면 그들의 경전은 무엇이었던가. 두말할 필요 없이 구약성경 아닌가. 그 중에서도 특히 창세기로부터 신명기에 이르는 모세오경이 으뜸 아니었던가. 그런데 왜 유대인들은 모세의 글을 믿지 않았는가. 혹시 그들의 경전인 구약성경을 믿지 않았다는 예수의 말씀이 지나친 독설 아닌가. 왜냐하면 하나님을 믿는다면서 성경인 모세의 글을 믿지 않았다는 것은 언어도단일 테니까 말이다.

여기서 우리가 쉽게 발견할 수 있는 것은 유대인들도 나름대로는 성경을 믿었고 예수도 나름대로 성경을 믿었다는 점이다. 그래서 구약의 대표 격인 모세가 서로 자기편(?)이라고 주장하고 있는 모습이다. 유대인들 얘기는 '우리는 모세를 믿는다.' 인데 반해서 예수의 얘기는 '너희가 모세를 믿었더라면 또 나를 믿었으리니(나를 믿지 않고 죽이려는 것을 보니) 고로 모세의 글도 믿지 않고 있다'는 주장이다. 오늘날 신약성경을 가지고 신앙생활을 하시는 분들은 혹시 이런 소리를 들을 가능성은 없는가. 예수 재림 하셔서 '너희가 바울의 글을 믿었더라면 내 말을 믿었을 텐데' 하는 탄식은 없겠는가 말이다.

문제는 유대인들이 성경(당시는 모두 구약)에서 영생을 얻는 줄 알고, 성경을 상고(詳考)했음(요5:39)에도 불구하고, 왜 예수를 알아보지 못했는가에 있다. 모세의 글도 믿었을 터요, 이사야나 예레미야의 글도 보았을 터다. 그럼에도 불구하고 예수의 말과 구약성경의 글 사이에 존재하는 상관관계를 발견치 못한 이유가 어디에 있는가. 예수의 말씀은 이 성경이 곧 '내게' 대하여 증거한다고 말하고 있는데, 유대인들은 어느 동네에서 살다 오셨기에 '자기들의 성경'이 증거하고 있다는 '예수'를 몰라보셨는가. 역사가 거울이라는 점은 우리를 향한 단순한 교훈이 아니라 우리도 같은 삶을 산다는 말이다. 즉 유대인들이 구약성경을 '믿듯이' 오늘날 신자들이 성경을 그와 같은 방법으로 '믿으면' 반드시 예수 그리스도를 몰라본다는 말씀이다.

39절의 말씀 중 '내게'에 문제의 핵심이 있다. 그 '나'는 누구인가. 과연 모세가 그 '나'에 대하여 증거 했던가. 했다면 언제, 어떻게 했는가. 유대인들은 모세의 글을 '믿었을지'는 몰라도 그의 글이 증거하는 '나'는 보지 못했다. 그러고서도 소경이 아니라고 주장하고 있으니(요9:40-41) 이만저만 딱한 일이 아니다.

요한복음의 예수는 누구신가. 그리스도시다. 그 분은 어떤 분이신가. 곧 태초에 계시던 '말씀'이시요(요1:1), '생명'이시며

'빛'이시다(요1:4). 나아가서 '독생자'시며(요3:16), '길'이요 '진리'시다(요14:6). 아울러 다시 오시는 '다른 보혜사'(요14:16)시며 그분이 곧 '진리의 성령'(요14:17)으로서 우리와 거처를 함께 하실(요14:3,23) 그리스도시다.

그런데 모세의 글이 과연 이러한 '나'에 대한 증거를 했던가. 오늘날 모세의 글을 읽는 분들은 정말 수건을 벗은 얼굴로(고후3:12-18) 보는가. 유대인들이 빠진 함정은 예수를 예수로만(육체대로) 판단했다는 점이다(요8:15). 그러나 사도 바울이 벌써 '우리가 이제부터는 아무 사람도 육체대로 알지 아니하노라 비록 우리가 그리스도도 육체대로 알았으나 이제부터는 이같이 알지 아니하노라(고후5:16)'고 경계했음에도 불구하고 오늘날은 예수 그리스도가 과연 육체대로 믿어지고 있지 아니하는가.

'예수, 인도에 가다'라는 주장이 그것이며, 심지어 오늘날 기독교의 교조(敎條)가 되고 있는 사도신경 — 동정녀 마리아에게 나시고, 본디오 빌라도에게 고난을 받으시고 십자가에 못 박혀 죽으시고 장사한 지 사흘 만에 — 자체가 육신적 예수에 초점을 맞추고 있다. 역사적 예수를 부인하자는 얘기가 아니다. 동정녀에게 나지 않았다는 주장도 아니며 빌라도에게 고난을 받지 않았다는 말도 아니다. 다만 초점이 '육신적 예수'에 맞춰져 있다는 말이다. 이것이 유대인적 메시아 관(觀)이었으며 그로 인해서 결국 믿음의 주를 십자가에 못 박아 죽여 버렸다는 것을 지적하고 싶을 뿐이다.

십자가가 우리를 구원하는 것이 아니라, 우리 구원의 주체는 그리스도 곧 '빛'으로 오시는 진리의 성령이다. 이 빛으로 역사하는 진리의 성령을 모르고서는 십자가도 부활도 한낱 공염불일 뿐이다. 역설적으로 오늘날 '십자가 보혈을 믿음으로'가 강조되는 원인이 곧 '빛'으로 오시는 '다른 보혜사'를 모르고 있다는 데 있다. 즉 육체대로 예수를 믿는다는 말이다. 아직도 창세기 1장을 우주창조론으로 믿고 진화론 대신에 창조론을 교과서에 수록해야 된다는 분들이나, 요한복음의 빛은 그리스도지만 창세기 1장 3절의 빛은 그냥(?) 빛이라는 분들이나 모두 성전 마당만 밟을 뿐이다(사1:12).

그래서 예수 믿으면 영생을 얻는 줄 알고, 열심히 믿긴 하지만 영생이 무엇인지는 모르는 것이다. 영생을 얻어야(요5:24) 그의 믿음이 믿음으로 인정되는 것이지, 살아생전 참고 견디며 '믿어 놓으면' 죽어 하나님 앞에 가서 영생을 가지게 되는 것이 아니다. 이 땅에 살면서 믿어 영생을 소유해 보지 못한 사람이 성경을 논하다 보니까, 믿으면 천국 간다는 주장이 판을 치게 된다. 어차피 타지 못할 계(契)라면 일찍 깨지는 것이 좋다. 실컷 부어놓고 자기 차례에서 깨지면 집 팔고 땅 팔고 몽땅 망하실 테니까. 그래서 사도 바울이 말한 바, 모든 사람 가운데 더욱 불쌍한 자가 될 터이니까(고전15:19).

본문 40절의 말씀을 보자. 오늘날 사람들은 과연 영생을 얻기 위하여 예수 그리스도께로 가기를 원하는가. 요한복음의 그리스도 곧 '말씀' 앞에 나아가기를 원하는가. 아니다. '말씀'만이 전부가 아니라는 주장이 공공연한 것이 오늘날이다. 영생은 오직 말씀과만 관계성을 가지는 것인데 그 영생을 얻기 위하여 기도하고 충성하고 봉사하는 일에 여념이 없는 실정이다. 즉 말씀(그리스도)은 제쳐놓고 나의 신앙생활로 영생을 얻어 보겠다는 어리석음이 아닐 수 없다.

이건 충격적이다. 왜 사람들이 영생을 원하면서도 영생의 주체인 말씀 앞에 나아가기를 원치 않는가. 그 이유가 곧 모세의 글을 통하여 예수 그리스도를 발견할 수 없었던 원인이기도 하다. 성경을 곁에 두고 밤이나 낮이나 보고 있지만 그것으로 '하나님을 위하여 무엇인가 해야 한다'는 쪽으로 바라보니 온통 '해야 할 일'뿐이었던 것이다. 모세의 율법을 보자. 어떻게 그것이 그리스도를 증거하는 말씀일 수 있는가. 살인하지 말라, 간음하지 말라, 도적질, 거짓 증거하지 말라는 계명들이 어떻게 그리스도를 '증거'하는 것일 수 있는가. 그럴 수 없기 때문에 유대인들은 이러한 계명들을 육신적으로 지키기에 여념이 없었던 것이고, 그런 결과 예수 그리스도를 배척했으니 정말 애석한 일이 아닐 수 없다.

그럼에도 불구하고 오늘날 신자들 역시 살인, 도적질, 거짓 증거 등을 유대인들의 개념과 비슷하게 가지고 살고 있으니, 어이하여 강산은 십년마다 한 번씩 변하건만 인간은 이리도 똑같이 전철을 되풀이 하는고! 역사적 기록은 있어도 역사를 아는 사람은 없으며, 성경은 있어도 성경을 통하여 인간이 무엇인지를 배운 사람이 없구나! 정말 이제도 은혜로 택하심을 따라 남은 자가 없었더라면(롬11:5) 우리가 소돔 같고 고모라 같았으리로다(사1:9).

소돔의 관원들이여, 고모라의 백성들이여, 여호와의 말씀을 들을지어다(사1:10). 다만 하나님을 사랑하는 것이 너희 속에 없음을 알았다는 예수 그리스도의 말씀(요5:42)에 귀를 기울일 지어다. 유대인들이 어찌 하나님을 사랑치 않았으리요. 그럼에도 불구하고 '하나님을 사랑하는(τὴν ἀγάπην τοῦ θεοῦ) 것'이 너희 속에 없다는 말씀은 무슨 얘기인가. 이것은 '하나님의 사랑'이 너희 속에 없다는 말의 잘못이다. 즉, 유대인들은 하나님을 향한 '그들의 사랑'은 있었지만 — 자기들 식으로 하나님을 사랑했지만 — '하나님의 사랑'이 그들 속에 없음을 인식하지 못했던 것이다. 그래서 '하나님의 사랑'을 모르고 '자기들의 사랑'을 세우려고 힘써 '하나님의 사랑'을 배척한 결과가 되었으니 딱하다는 말밖에 할 것이 없다.

'우리의 사랑'을 요구하시는 하나님이 아니라 '당신의 사랑'을 받으라는 분이 하나님이다. 왜냐하면 우리의 사랑은 다 더러운 옷(사64:6)이요, 인생이나 유익하게 하는 것(욥35:8)이기 때문이다. 본문의 예수의 탄식도 다른 것이 아니다. '하나님의 사랑' 없이 너희의 사랑으로 하나님을 사랑하려고 하니, 아버지의 이름으로(이름 안에서)온 나를 영접할 수 없다는 말씀이고, 만일 다른 사람이 자기 이름으로 오면 영접하리라는 충격적인 말씀이다. 그러므로 '모세의 글'은 하나님 '의' 사랑을 강조하는 것인데 그의 글을 통하여 하나님 '을' 사랑하려고 했던 유대인들의 눈이 '하나님의 사랑'을 죽였던 것이다. 마태복음 5장 29절의 말씀대로 빼어버렸어야 할 눈이다.

빼어버렸어야 할 눈으로 성경을 보고, 그것으로 하나님을 믿었으니, 44절의 '어찌 나를 믿을 수 있느냐'는 말씀이 나오는 것이다. 믿을 능력이 없다는 말이다. 믿을 능력이 없다는 것을 알았더라면 하나님께 그것을 찾고 구했을 터다. 그러나 비극은 '믿는데 무슨 능력이 필요한가, 마음만 있으면 되지' 하는 생각에 있다. 그러므로 '믿으라'고 강요한다. 아니다. 믿으라고 강요할 문제가 아니라 우리 속에는 하나님을 믿을 능력이 없다는 것을 깨우쳐 주어야 한다. 믿을 능력(하나님의 사랑)은 없으면서 믿는다(하나님을 사랑한다)고 생각하고 그렇게 가르치는 것이 곧 소경이 소경을 인도하는 것이요, 따라서 둘이 다 구덩이에 빠질 것이다.

가장 큰 문제는 '나는 이미 믿기 때문에 믿음이 필요 없다'는 데 있다. 이미 하나님을 사랑하고 있기 때문에 다른 '사랑'은 필요 없다는 것이다. 이것이 죄다. 즉 '하나님을 사랑하는 것'이 죄라는 말이다. 동일한 논리로 '하나님을 믿는 것'도 죄다. 우리가 하나님을 믿는 것이 아니라 하나님의 믿음을 가져야 하는 문제기 때문이다. 그래서 사도 바울은 '율법이 죄냐, 그럴 수 없다. 다만 죄가 기회를 타서 계명으로 말미암아 나를 속이고'(롬7:7,11)라고 탄식했던 것이다. 하나님을 믿고 사랑하는 문제를 가지고 이런 탄식을 발해 보지 못한 사람은 아직 뭘 몰라도 한참 모르거나 아니면 꿈을 꾸고 있거나 둘 중의 하나다.

사탄의 전술이 치밀한 것은 우리로 하여금 하나님을 '열심히' 믿고 사랑하도록 내어버려 둔다는 데 있다. 거기에 빠져서 열심히 살다 보면 하나님을 사랑했을지는 몰라도 하나님의 사랑이 무엇인지는 모를 수밖에 없고, 따라서 구원도 남의 얘기일 수밖에 없다. 왜냐하면 전술했듯이 '십자가'가 우리를 구원하는 것이 아니라 '하나님의 사랑'이 우리를 구원하기 때문이다.

결국 오늘 본문의 내용도 모세의 글을 믿었느냐 아니면 모세의 글이 믿어졌느냐의 싸움에 다름 아니다. 능동태와 수동태의 싸움에서 유대인들의 주장은 우리가 능동태로 믿었다는 말이고, 예수의 말은 믿음은 능동태가 아니라 수동태라는 지적이다. 그래서 하나님의 믿음이 우리 사람들 속에 있으리라는 모세의 글을 믿었더라면, 그 믿음이 주어진(수동태) 현장에서 재깍 그 믿음을 알아보고 그와 영원한 삶을 함께 했을 터다.

　　우리 자신의 능력으로는 예수의 말을 믿을 수 없다(요 5:44,47)는 것을 인정하자. 그리고 믿을 수 있게 하는 하나님의 능력을 구하자. 하나님을 사랑하는 것을 그치고, 하나님의 사랑을 찾자. 회개란 하나님을 믿고 하나님을 사랑하는 것으로부터, 하나님의 믿음과 하나님의 사랑으로 돌이키는 것이다. 믿음이 믿는 것보다 낫고, 사랑이 사랑하는 것보다 낫다는 말의 뜻을 이해하면 최소한 무엇을 기도해야 할 것인가는 알게 된다는 말이다.

　　모세의 글과 그리스도의 말이 하나로 보일 때, 그때는 찬송해도 좋다. 그러나 그 전에는 '네 노래 소리를 내 앞에서 그칠지어다. 네 비파 소리도 내가 듣지 아니하리라'(암5:23)를 기억하자.

3

너희는 악하니
어떻게 선한 말을 할 수 있느냐

마12:33-37

독사의 자식들아
너희는 악하니
어떻게 선한 말을 할 수 있느냐
이는 마음에 가득한 것을
입으로 말함이라.

본문의 말씀은 예수 그리스도께서 바리새인들을 향하여 하신 책망의 말씀이다. 그러나 문제는 이러한 책망의 질문이 우리의 상식적인 생각으로 과연 앞뒤가 맞는 질문인가, 즉 질문 자체에 논리적 결함이 없느냐 하는 점이다. 말이 안 되는 질문을 하신 것이 아니냐는 점이다. 왜냐하면 예수께서는 동일한 마태복음 23장 3절에서 '무엇이든지 저희(서기관과 바리새인들)의 말하는 바는 행하고 지키되, 저희의 하는 행위는 본받지 말라. 저희는 말만 하고 행치 아니 한다'고 말씀하셨기 때문이다. 이렇게 바리새인들의 '말'은 나쁠 것이 없다면서, 그들의 '말'은 행하고 지키라고 말씀하신 예수께서 동일한 바리새인들을 향하여 본문의 말씀인 '너희는 악하니 어떻게 선한 말을 할 수 있느냐'고 책망하실 수 있는 문제인가?

왜 이런 질문을 해야 하는가 하면, 이런 질문 없이 그냥 성경을 읽어 나가면 어느 한쪽도 제대로 이해하지 못하기 때문이다. 성경은 하나님의 말씀이다. 성경은 인격자의 발언이기 때문에 거기에는 말씀하시는 분의 마음이, 감정이, 얼굴 표정이, 억양이, 말의 고저장단이 들어있기 마련이다. 그러나 우리가 현재 가지고 있는 '성경'은 이러한 인격자의 살아 숨쉬는 '말씀'이 아니라 흰 종이 위에 적혀있는 '글'에 불과(?)하다고 하겠다. 이 '글'에 인격자이신 하나님의 마음, 감정, 얼굴 표정, 몸짓, 억양 등이 들어갈 때에 비로소 이 글은 '성경말씀'이 된다. 성경말씀이 서로 모순되는 것처럼 보이는 이유가 바로 여기에 있다. 즉 '글'로만 보기 때문이다.

예를 들면 아이스크림을 사먹겠다고 조르는 아이에게 어머니가 '네 마음대로 해'라고 했을 때 우리는 '네 마음대로 해'라는 글만으로는 어머니의 심정을 제대로 이해할 수 없을 뿐만 아니라 경우에 따라서는 전혀 엉뚱한 해석을 할 수도 있다. '네 마음대로 해'라는 말의 억양과 말씀하시는 어머니의 얼굴 표정, 몸짓, 손짓 등이 없이는 어머니가 하신 말의 참뜻을 제대로 이해할 수 없게 된다는 말이다. 성경도 이와 같다.

그러면 우리는 이러한 성경을 읽을 때에 과연 성경 저자의 '마음'을 가지고 보는가.

본문으로 택한 말씀도 우리의 일반상식 기준으로 이해되지 않는 까닭이 여기에 있다. 즉 '너희는 악하니 선한 말을 할 수 없다'는 것은 말이 되지 않는다. 생각을 해보자. 과연 악한 사람은 선한 말을 할 수 없는가. 아니다. 사람이 악하면 악할수록 말은 좀 더 그럴듯하게 하려고 한다. 사기꾼을 보자. 고차원적인 사기꾼일수록 '말'은 더욱 그럴듯하고 그런 말을 한두 번 듣다

보면 정말로 '진짜'인 줄 믿고, 사기 당하게 된다. 그러나 사기꾼의 '말'에는 아무 잘못이 없다. 다만 그가 자기의 '말대로' 행동하지 않았을 뿐이다. 그렇다면 책망은 '너는 사기꾼이기 때문에 선한 말을 할 수 없다'가 아니라 '입으로 말만 하지 말고 왜네가 말한 대로 살지 않느냐'가 되어야 마땅하다.

　오늘날 우리의 기준은 대부분 이런 것이다. 즉 갑이라는 사람을 평가할 때에 그가 얼마나 언행일치한가 하는 점이 평가의기준이 된다는 말이다. 예를 들면 '아니 목사가 그렇게 행동할수가 있느냐'라든지 '장로까지 되어서 말과 행동이 달라서야'하고 혀를 찬다. 말은 다 옳은데 그렇게 살지 못했다는 점을 책망하는 것에 다름 아니다. 마태복음 23장 3절의 말씀 역시 일반적으로 바리새인들의 말은 본받아 지키고 그들의 행동은 본받지 말라는 것으로, 그들 언행의 불일치에 대한 책망으로 볼 수있어 편한데, 그럼 본문의 말씀은 어떻게 보아야 하는가. 본문에서의 예수는 '아니다, 너희들은 악하기 때문에 선한 말을 할 수없다'고, 즉 판단의 기준을, 그들 말의 선함과 악함에 두고 있다. 이것이 예수의 기준과 우리 기준의 차이다.

　바리새인들이 악했고 따라서 선한 말을 전혀 할 수 없었다면, 예수께서 생각하시는 선한 말은 과연 무엇인가. 선한 말이 무엇인지 아는 것이 급선무다. 그래야 과연 그들이 선한 말을 했나못했나를 알 수 있고, 우리도 선한 말을 할 수 있는가 없는가가결정되기 때문이다.

　그러기 위해서 본문의 바로 앞 절인 33절을 보면, 이 말씀이나무와 실과(열매)의 말씀 바로 다음에 등장한다는 사실을 알 수 있다. 즉 좋은 나무가 좋은 열매를 맺고, 나쁜 나무는 나쁜 열매를 맺을 수밖에 없다는 말씀 다음에, 너희는 악하기 때문에 선한 말을 할 수 없다고 하시는데, 이것은 곧 너희는 나쁜 나무이므로 나쁜 열매(악한 열매)를 맺는 것이 당연하다는 말씀이다. 중요한 점은 나무와 열매의 상관관계를 인간과 그의 말의 상관관계로 적용했다는 점이다.

즉 사람을 나무라고 할 때, 그 열매는 그의 행동이나 행위가 아니라 바로 '말'이라는 점이다. 성경이 많은 곳에서 좋은 열매를 맺지 아니하는 나무마다 찍어 불에 던지겠다고 말씀하시는 그 열매가 무엇이냐 하면, 다름 아닌 '말'이다. 얼마나 자기가 말한 대로 살았느냐가 나쁜 열매나 좋은 열매의 기준이 되는 것이 아니라, 그가 입으로 한 말이 좋은 열매냐 나쁜 열매냐를 결정한다는 점이다. 그래서 본문 36절의 말씀은 '사람이 무슨 무익한 말을 하든지 심판 날에 이에 대하여(즉 그가 한 말에 대하여), 심문을 받으리니 네 말로 의롭다 함을 받고 네 말로 정죄함을 받으리라'다.

그러면 좋은 나무는 좋은 열매를 맺고 나쁜 나무는 나쁜 열매를 맺는다는 말은 무슨 말인가. 말할 것도 없이 포도나무는 포도를 맺고 가시나무는 가시를 맺는다는 말씀이다. 즉 가시나무는 죽었다 깨어나도 포도를 맺을 수 없다. 또한 포도나무 역시 병들어 포도를 못 맺을지는 몰라도 가시를 맺는 법은 없다.

이런 배경에서 본문의 말씀을 생각해 보면 쉽게 결론을 얻을 수 있다. 너희는 악하니(가시나무이니) 어떻게 선한 말(포도열매)을 할 수 있느냐다. 당연하다. 포도열매는 포도나무만 맺을 수 있듯이 선한 말은 선한 사람만이 할 수 있다. 악한 사람이 하는 말은 아무리 그 말이 성경 내용이더라도, 성경을 그냥 들고 읽더라도 그것은 '악한 말'이다. 사탄이 아무리 성경을 인용해서 말하더라도 그는 사탄인 것처럼.

그럼에도 불구하고 우리가 우리의 말이 곧 열매라는 말씀에 언뜻 납득이 되지 않는 것은 우리가 그동안 얼마나 뿌리 깊게 열매와 행위를 연관시켜 왔는가를 말해 주는 것이라 볼 수 있다. 사실 우리는 '열매'라고 하면 우리가 우리 몸으로 이러저러한 일을 하는 것이라고 생각해 왔지, 우리 입에서 나오는 말이 곧 우리의 열매라고 상상이나 했던가! 이렇게 우리의 마음속에 '열매는 행위'라는 생각이 가득 차있으므로, 그것이 입으로 나오게 되고 그것을 기준으로 신앙생활을 하게 되는데 '아름다운 행위를 하자'는 말이 곧 '악한 말'이라면 독자 여러분은 무엇이라 말씀하실 것인가. '간음하지 말자'는 말이 선한 말이 아니라면 '간음하자'가 선한 말인가. 이것이 문제다.

본문 35절의 말씀대로 말은 마음의 반영에 다름 아니다. 즉 선한 사람은 속에 쌓여 있는 것이 선이기 때문에 입으로 나오는 모든 것이 선일 수밖에 없고 악한 사람은 들어 있는 것이 그런 것밖에 없으므로 악한 말이 나올 수밖에 없다.

문제는 우리 속에 무엇이 있느냐다. 우리 속에 있는 것이 입으로 나올 때 이것이 말인데, 열매로 나무를 안다는 말씀은 곧 입에서 나오는 말로 사람을 안다는 말씀이다.

즉 마음에 죄가 들어 있는 사람의 입으로 나올 수 있는 말은 '죄 짓지 말자'가 최고다. 이런 사람도 입으로 '죄 짓자'가 나오지는 않는다. 우리는 '죄 짓자'는 말은 악한 말이고, '죄 짓지 말자'는 선한 말이라고 생각하기 쉬운데 그것이 착각이다. '간음하자'도 악한 말이지만 '간음하지 말자'도 선한 말은 아니다. 왜냐하면 아직도 그의 속에 '간음'이 들어 있기 때문에 그러한 말이 나오는 것이고 그러한 말이 나오는 동안은, 즉 그러한 데 관심이 있는 동안은, 그 사람이 실제로 간음을 했느냐 아니했느냐는 아무 상관이 없다. 사람이 간음했느냐 아니 했느냐를 기준으로 심판하시겠다는 것이 아니라, 그의 말로 심판하시겠다는 것이 본문이기 때문이다.

그렇다면 '간음하지 말자'도 악한 말이라면 무엇이 선한 말인가. 구태여 말로 표현한다면 '내 남편만 사랑하자'다. 남편 사랑에 여념이 없는 여자는 간음할 생각도 마음도 없고 그런 마음이 없으면 '간음하지 말자'는 말이 입으로 나올 필요가 없다. 간음이라는 말의 개념조차 그의 속에 없기 때문에 '간음하지 말자'는 말조차 할 수 없는 것이다.

그러므로 로마서 10장 8절에서 '말씀이 네게 가까워 네 입에 있으며 네 마음에 있다 하였으니… 사람이 마음으로 믿어 의에 이르고 입으로 시인하여 구원에 이른다.'고 하신 말씀은 본문의, 사람이 그 쌓은 선에서 선한 것을 내고 그 쌓은 악에서 악한 것을 낸다는 말씀과 다름이 아니다. 즉 마음으로 믿는다는 말은, 선이 우리 마음속에 쌓여 있다는 말이고, 이 선이 입을 통하여 선한 말로 나오는 것이 참다운 시인이다.

야고보 사도가 행함이 없는 믿음은 그 자체가 죽은 것이라고 (약2:17) 말씀하신 것도 이런 맥락에서 보아야 제대로 이해할 수 있는 부분이다. 믿음이 행함으로 증명된다는 말은 포도나무는 포도를 맺는다는 말과 같은 말이다. 문제는 이러한 '행함'을 본문의 '선한 말'로 보지 못하기 때문에 끊임없이 우리의 외적인 행동 — 물질적 구제나 봉사 등 — 들로 연결시켜 생각하게 된다. 즉 어떤 사람이 '사랑의 실천으로 어려운 형제들을 도웁시다'라고 말했을 때, 이 사람이 물질적 육적인 구제를 생각하고 말했다면, 그가 비록 성경의 말씀에 근거해서 했다고 하더라도 그것은 '악한 말'일 뿐이다. 그의 속에 육적인 것이 가득 차 있기 때문에 입으로 나오는 것이 '육'이라는 말이다. 이런 사람이 바로 '육신에 있는 자들은 육신의 생각만 하여 하나님을 기쁘시게 할 수 없다'(롬8:8)는 대상이 되는 사람이요, 아직도 흙에 속하여 하나님의 나라를 유업으로 받을 수 없는(고전15:49-) 존재들이다.

본문의 바리새인들은 '육적인 생각'으로 하나님을 섬긴 사람들이었다. 하기 때문에 비록 그들이 '하나님을 잘 섬기자'라고 말했다 하더라도 그 말이 '선한 말'일 수 없는 것이다. 얼마나 안타깝고 불쌍한 일인가! 하나님을 안 섬기겠다는 말이 아니라 하나님을 섬기겠다는 말이, 예수를 믿겠다는 말이, 교회에 나가겠다는 말이, 기도 열심히 하고, 헌금 성실히 하겠다는 말이 '악한 말'이라면 이보다 더 딱한 일이 어디 있겠는가. 여우를 피하다 호랑이를 만난 격이요, 비를 피하려다 독사 굴에 들어가는 격이다.

우리가 예수를 믿게 되면 너 나 할 것 없이 관심의 대상인 신앙의 열매를 생각하게 된다. 다시 한 번 밝혀두거니와 열매라는 것은 '행위'가 아니라 '말'이다. 성경이 '행위'라는 표현을 쓰는 것을 우리의 인간적 행위로 봐서는 안 된다. 이것은 살아 움직이는 사람은 누구나 가지는 것이고 이 행위의 아름답고 추함에 따라 우리의 믿음이 결정되는 것은 아니기 때문이다.

우리 속에 '믿음'이 있게 되면 제일 먼저 바뀌는 것은 바로 '말'이다. 우리의 육신적 행위들은 이 '믿음' 때문에 바뀌는 것이 아니다. 그런 행위들은 예수 믿는다고 바뀌는 것이 아니다. 예수 믿으나 안 믿으나 인간들의 행위는 걸레조각에 불과한 것이다. 누가 걸레를 빨아서 식탁을 닦겠는가! 걸레는 빨아도 걸레일 뿐이다.

그러면 그 '말'이 어떻게 바뀌는가. 악한 말에서 선한 말로, 육적인 말에서 영적인 말로, 율법에서 그리스도로 바뀐다. 또한 '나는 구원 받았다'에서 '나는 구원받을 필요도 가치도 없습니다.'로 바뀐다. '천국 가야 된다'에서 '지옥 가도 좋습니다.'로 바뀌게 된다. 왜냐하면 '나는 예수 믿었기 때문에 틀림없이 구원 받았고 따라서 천국 가야 된다'는 사람이 천국 가게 되면 이것은 은혜도 선물도 아니기 때문이다. 이것은 자기의 '믿음이라는 행위'에 대한 삯이요 대가에 불과한 것이다. 참으로 예수를 믿는 사람은 하나님이 '너 죽어라(지옥가라)'고 해도 한마디 이의 신청 없이 '예'하고 가는 사람이다.

우리는 무슨 말을 하고 있는가. 아직도 자기 목숨을 구원코자(마16:25) 예수 믿는 것은 아닌가. 예수 믿으면 자기 목숨을 구원케 되리라는 말은 그래서 악한 말이요 거짓말이다. 이렇게 거짓말과 악한 말로 속이는 사기꾼도 문제지만 황당무계한 속임수에 속아 넘어가는 사람이 더 나쁘다. 왜냐하면 사기는 횡재를 좋아하는 사람에게나 통하지, 정도를 아는 사람에겐 통하지 않기 때문이다. 내가 믿었느냐 아니 믿었느냐에 상관없이 하나님이 '믿었다'고 인정해 주시는 것 — 이것이 은혜요 선물이며 히브리서 11장에 등장하는 믿음이다.

이러므로 우리가 예수로 말미암아 항상 찬미의 제사를 하나님께 드리자, 이는 그 이름을 증거하는 (ὁμολογέω, 호모로게오, 시인하는) 입술의 열매니라 (히13:15).

제사를 드리는 것과 이름을 시인하는 것과 입술의 열매를 맺는 것이 하나로 정의되고 있다. 들을 귀가 있어야 듣는다.

4

이 말씀은 어렵도다

요6:60-61

제자 중 여럿이 듣고 말하되
이 말씀은 어렵도다.
누가 들을 수 있느냐 한대
예수께서 스스로
제자들이 이 말씀에 대하여
수군거리는 줄 아시고 가라사대
이 말이 너희에게 걸림이 되느냐?

요한복음 6장은 우리가 잘 아는 대로 예수께서 갈릴리 바다 건너편에서 보리떡 다섯 개와 물고기 두 마리로 5천 명을 먹이신 표적으로 시작하고 있다. 빌립의 말대로 각 사람으로 조금씩 받게 할지라도 2백 데나리온의 떡이 부족한 형편인데(7절) 예수께서는 한 어린아이의 식량에 불과한 보리떡 다섯 개와 물고기 두 마리로 오천 명을 배불리 먹이시고 열두 바구니에 가득 차게 만들자 유대인들은 이 표적을 보고 '이는 참으로 이 세상에 오실 선지자'라는 감탄과 함께 예수를 '잡아' 자기들의 임금을 삼고자 했다 (15절).

여기서 예수와 유대인들 간의 쫓고 쫓기는(?) 숨바꼭질이 벌어지는데 결국 가버나움에서 서로 만나게 되고, 유대인들은 '너희가 나를 찾는 것은 표적을 본 까닭이 아니요, 떡을 먹고 배불렀기 때문'이라는 예수의 책망을 듣게 된다. 결국 이 책망으로 시작한 예수의 메시지는, 하나님의 일이란 하나님이 보내신 자를 믿는 것(29절)이며, 당신 자신이 하늘로서 내려온 떡(35절)으로서 세상에 생명을 준다는 것(33절), 또한 당신을 보내신 아버지의 뜻은 아들을 보고 믿는 자마다 영생을 얻는 것(40절)이며 이 영생은 인자(人子)의 살과 피를 먹고 마시는 자만 소유할 수 있다(53절)는 말씀으로 이어진다.

이러한 배경 가운데 나오는 것이 본문인 '이 말씀은 어렵도다.'이다. 오늘날 교인들에게는 별로 어렵지 않은(?), 이 생명의 떡에 대한 말씀이 왜 유대인들에겐 그렇게 어려웠으며, 이 어려움 때문에 결국엔 예수를 떠나가고 다시는 그와 함께 다니지 아니하는 비극이 왜 발생했던가(66절). 한걸음 더 나아가 인류의 죄를 대속하기 위하여 사랑의 본체로 오신 예수께서 왜 이런 어려운 말씀을 하심으로 유대인들로 하여금 실족하게 하셨는가. 좀 더 쉽게 유대인들의 수준에 맞추어 말씀하실 수 없었는가. 그래서 유대인들로 하여금 당신께서 곧 그리스도(메시야)라는 사실을 깨닫게 할 수 없었던가 하는 아쉬움이 종내 남아 있는 것이다. 그랬더라면 십자가에서 죽지 않아도 되었을 터인데 말이다.

그러면 오늘날은 예수의 메시지를 참으로 이해해서 어렵지 않은가(왜냐하면 예수의 말씀이 어려우면 유대인들처럼 떠나갈 텐데 요즘 교회는 그렇지 않으므로) 아니면 예수의 말씀을 알아보려는 시도조차 하지 않아서인가. 다분히 후자 쪽이다. 그것도 예수의 말씀은 이해되지 않더라도 믿으면 된다든지, 아니면 한술 더 떠서 예수의 말씀을 이해하려고 하는 것 자체가 경건치 못한 행동이나 죄악시 하는 풍조가 만연하는 실정이다. 물론 이해되지 않더라도 그냥 순종(이 경우는 맹종이지만)해버리면 고민도 없고 갈등도 없을 것이나, 이것은 마치 애인 없는 사람이 애인을 향한 사랑 때문에 안타까워하고 안쓰러워하는 마음이 없는 것과 같다고 할 수 있다.

예수를 믿는다는 것은 고민의 시작이요 갈등의 출발이다. 고민하고 갈등하며 밤을 지새우도록 내 마음을 울렁거리게 하는 애인의 출현이다. 그 사랑하는 사람이 내게 한 말을 이해할 수 없다는 것은 얼마나 가슴 아픈 일인가! 이해하지도 못하는 말에 순종한다는 것은 또한 얼마나 말도 안 되는 난센스인가!

예를 들어 당신 애인이 당신더러 이번 주말에 청량리역에서 만나 청평으로 여행을 하자고 제의했을 때, 그 말이 무슨 말인지도 모르면서 그 말에 순종할 수 있겠는가. 청평이 어디인지 혹은 어떤 곳인지는 정확히 몰라도 될 것이다. 왜냐하면 사랑하는 애인과 함께 가보면 될 터이니까. 하지만 만나야 할 시간과 장소는 틀림없이 알고 있어야만 한다. 물론 때와 장소를 안다고 하더라도 갈 마음이 없으면 가지 않겠지만, 이것은 별개의 문제고 아무튼 갈 마음이 있다면 만날 때와 장소만큼은 분명히 알고 있어야 한다. 그런데 청량리역이 어디 있는 줄 모르는데 고민이 안 생길 것인가.

유대인들은 예수의 메시지를 듣고 예수를 믿고 싶었지만 (왜냐하면 예수를 임금으로 모시려고 쫓아 다녔으니까) 그 말씀을 도무지 이해할 수 없어서 예수를 떠나갔던 것인데, 오늘날의 많은 신자들은 예수의 말씀에 대한 관심은 접어두고, 다만 예수를 자기의 임금 삼으려고 쫓아다니는 수준에 불과하다. 그것도 유대인들이 떡을 먹고 배불러서 쫓아갔던 것과 별반 다를 것 없는 이유들을 가지고…. 그래서 예수를 만나면 어쩔 것인가. 유대인들처럼 예수의 '예수됨'에 실망해서 이 말씀은 어렵다고 예수에게 핑계를 대고 예수를 떠날 것이며, 마침내는 예수를 다시 십자가에 못 박는 어리석음을 되풀이 할 것이다.

본문으로 돌아가서 유대인들의 반응을 좀 더 살펴보자.

하나님의 일이란 하나님이 보낸 자를 믿는 것이라는 예수의 말씀에, '좋습니다. 그러면 당신이 하나님으로부터 왔다는 표적이 무엇입니까. 우리 조상들은 광야에서 만나를 먹었습니다.' ─ 이것이 유대인들의 반응이었다. '당신이 하나님께로부터 왔다는 표적이, 증거가 있어야 우리가 믿을 것 아니겠느냐, 그러므로 그 증거를 제시해 보시오'라는 말에 다름 아니다. 이 요구에 대해 예수께서는 '하늘에서 내린 떡은 세상에게 생명을 주는 것인데 너희 조상들은 광야에서 만나를 먹었어도 죽었으므로 만나는 하늘에서 내린 것이 아니다'라고 말씀하고 있다(그러나 실제로 만나는 하늘에서 내린 것이다. 출16:4).

여기까지는 그런대로 유대인들도 수긍할 수 있었는데, 문제는 그러면 그 떡을 우리에게 달라는 요구에 대해 예수께서 내가 곧 하늘에서 내려온 산 떡이므로 나의 살과 피를 먹고 마시면 사람들이 영생하리라는 말씀에서 일어난다. 자기가 산 떡이라는 것도 문제려니와 더구나 하늘에서 내려왔다는 것에 이르러서는 아무리 점잖은 체면이지만 코웃음밖에 나올 게 없는 상황이 되어 버린 것이다. '너는 요셉의 아들로서 네 부모를 우리가 다 알고 있는데 네가 하늘로서 내려왔다니! 구청에 가서 호적등본을 떼어 와야 되겠느냐? 어디서 허튼수작이냐?' 다.

유대인들의 말이 틀렸는가. 아니다. 맞다. 엄연히 사실이다. 예수의 아버지는 요셉이고 어머니는 마리아며, 그가 베들레헴 말구유에서 났고 나사렛에서 자랐다는 것을 성경이 증명하고 있는데 누가 유대인들의 이 반박에 대하여 틀렸다고 말할 수 있는가. 그러면 예수의 말이 틀렸는가. 아니다. 맞다. 아니 맞다 기 보다는 맞아야 한다. 그래야 말이 되니까. 틀림없이 예수는 하늘에서 내려오셨다. 이래서 유대인들의 입에서 '이 말씀은 어렵다' 가 나오게 되는데 본문의 뒷부분을 보면, 62절에서 예수는 '내가 하늘에서 내려왔다는 말을 하므로 너희에게 걸림이 되었구나, 그러면 인자가 이전 있던 곳(하늘에서 내려왔으므로 당연히 하늘)으로 올라가는 것을 보면 어쩔 테냐' 고 말씀을 하시는데 과연 예수는 하늘로 올라갔는가. 그러면 그 하늘은 어디인가. 어느 하늘로 올라가서 어느 하늘로부터 다시 오신다는 말인가.

성경은 분명히 예수께서 제자들이 보는 가운데 하늘로 올라갔으며 가신 그대로 다시 온다는 것을 말씀하고 있다(행1:9-11). 그래서 다시 오실 때에도 하늘로부터 오실 터인데 그 때에 가서 우리들은 2천 년 전의 유대인들처럼 네가 언제 하늘에서 왔느냐고 말하지 않을 것인가.

예수의 '나는 하늘에서 왔다' 는 말씀에 대해 유대인들이 '너는 저 하늘에서 오지 않았다' 고 하는 반응이나, 우리가 오늘날 예수는 보이는 저 하늘로 승천해서 이제 구름을 타고 오시리라 는 반응과 다른 점이 있는가. 유대인들의 하늘에 대한 개념이 예수의 그것과 달랐듯이 오늘날 예수 믿는 사람들의 하늘에 대한 개념도 예수의 그것과 다르지 않는가. 오히려 '너는 하늘에서 온 적이 없다'는 유대인들의 개념과 너무나도 흡사하지 않는가. 옛날의 유대인들과 다른 점이 있다면, 옛날은 저 하늘에서 오지 않았다는 점이고, 오늘날은 저 하늘에서 온다는 점만 다르다. '하늘'이 무엇이냐에 있어서는 예수와 일치하는 것이 아니라 유대인들과 일치하고 있다.

이런 사람들에게 '하늘'에 대한 말씀을 전하니까 나오는 반응이 '이 말씀은 어렵도다. 누가 들을 수 있느냐'다.

'이 말씀은 어렵도다.'

결국 원인이 어디에 있다는 말인가. 말씀에 원인이 있다는 지적이다. 예수에게, 성경에게 원인이 있다는 얼마나 무서운 논리인가. 듣지 못하는 자기들에게 문제가 있는 것이 아니라 들을 수 없는 말을 한 예수에게, 하나님에게 문제가 있다는 지적이다.

여기서 어렵다는 말은 스클레로스(σκληρός)로서 사전에 적혀있는 개념은, '굳은, 단단한, 마른' 등을 의미한다. 이 말의 명사형은 스클레로테스(σκληρότης)로서 '고집'(롬2:5)을 의미하고, 동사형은 스클레뤼노(σκληρύνω)로서 '강퍅하다'로 많이 번역되었다. 구약 70인역에서는 주로 '너희는 목이 곧은 백성'이라고 할 때 '곧은' — 단단한 — 을 의미하는 말로 많이 사용되었다. 즉 이 말은 약대가 바늘귀로 들어가는 것 보다 부자의 천국행이 '어렵다'고 할 때 사용하는 단어와는 그 어려움의 내용에 있어 좀 다르다. 부자의 천국행이 어렵다고 하는 것은, 두 개 이상의 대안(代案) 가운데 하나를 '고르는 것'이 어렵다는 개념이고 (왜냐하면 둘 다 좋을 경우 그 중에 하나를 고르기란 매우 어려운 것이므로), 본문의 어렵다(σκληρός, 스클레로스)는 말은, 그것 자체가 너무 단단해서 찔러 바늘구멍 하나 내기도 어렵다는 개념이다.

그러면 예수께서 하신 말씀이 과연 그렇게 단단한, 이해하기 힘든 딱딱한 것이었는가. 유대인들의 지적대로 그 '말씀'이 어려웠는가. 아니면 말씀은 부드럽고 이해하기 쉬운 것이었는데 유대인들의 마음이 단단하고 강퍅했는가. 결국 예수의 마음(말씀)과 유대인들의 마음이 섞여서 하나 되지 못한 원인이 말씀의 단단함인가 아니면 유대인들 마음의 단단함인가. 왜냐하면 말씀이 아무리 부드러워도 그것을 받는 마음이 단단하면 그 말씀과 마음은 서로 화합되지 못하기 때문이다.

예를 들어 보자. 비는 하늘에서 내려, 온 대지에 스며들어 그로 인하여 대지에 생기를 주고 초목들로 하여금 싹이 나고 꽃을 피우게 한다. 그러나 비가 아무리 오더라도 땅이 너무 단단해서 그 비를 흡수하지 못한다면(즉 비와 흙이 섞이지 못한다면) 그러한 땅이 꽃을 피우고 열매 맺기를 바라는 것은 어불성설일 것이다. 그랬을 경우 원인이 비에게 있는가, 땅에게 있는가. 비가 좀 더 송곳처럼 날카로워서 땅을 파고 들어가 주어야 하는가 아니면 땅이 부드러워져야 하는가.

비는 날카로울 수가 없다. 다만 땅이 기경(起耕)되어 부드러워져야 빗물과 화합할 수 있고 그래야 밭가는 자들의 쓰기에 합당한 열매를 낼 수 있다. 땅위에 콘크리트로, 아스팔트로 잔뜩 부어서 단단해져 있는 마당에 비가 아무리 오면 무얼 할 것인가. 그래서 성경은 '오늘날 너희가 그의 음성을 듣거든 너희 마음을 강팍케(σκληρύνω 스클레뤼노) 하지 말라'(히브리서 3장-4장)고 귀가 따갑게 강조하고 있는 것이다. 왜냐하면 너희 마음이 강팍한 상태면 아무리 부드러운 말씀을 들어도 단단한(어려운) 말씀으로 들리게 될 것이고 말씀이 어렵다면 남는 것은 예수 떠나가는 일밖에 없을 것이므로…. 예수 떠나서 구원이 있는가? 꿈 깨자.

본문의 유대인들 주장은 다른 것이 아니다. 우리에게는 문제가 없는데 당신의 '말씀'이 '어렵다'. 어떻게 좀 쉽게 설명할 수 없겠는가. 글쎄요, 쉽게 설명이 될 수 있는 문제인지…. 그런데 예수는 유대인들이 이 말씀에 대하여 수군거리는 줄 아시고, 이 말이 너희에게 걸림이 되느냐고 질문하는데 이 부분을 좀 더 직접적으로 번역하면 '이 말이 너희들을 걸려 넘어지게 하느냐(Τοῦτο ὑμᾶς σκανδαλίζει;)'이다. 스칸달리조(σκανδαλίζω)는 신약에서 대부분 '실족케 하다'로 번역이 되어 있는데 '걸려 넘어지게 하다'도 그 한 표현이 될 수 있겠다. 즉 실족은 발을 헛디뎌 넘어지는 것이고 걸려 넘어지는 것은 말 그대로 돌부리나 어떤 것에 걸려서 넘어지는 것인데 넘어지는 결과는 둘 다 동일하다.

61절의 말씀을 어느 쪽으로 보든 상관은 없겠으나 이것 역시 실족케 하는 원인이 어디에 있느냐 하는 점은 생각해 보고 지

나가야 한다. 유대인들은 눈을 똑바로 뜨고 앞을 보고 걸어가는
데 예수의 말이 돌부리가 되어 그들을 넘어지게 했는가, 아니면
그들이 하늘만 쳐다보고 가다가 돌부리를 못보고 넘어진 것인
가. 우리 속담에 '소경이 개천 나무란다' 는 말이 있듯이 '개천'
이 잘못인가 아니면 '소경'이 잘못인가. 개천이 거기 그렇게 있
는 것이 잘못이 아니요, 돌부리나 구덩이가 거기 그렇게 있는
것이 잘못이 아니다. 다만 개천이 있는 줄을 모르고(없는 줄로
생각하여) 열심히 걸어가는 것이 잘못이다. 돌부리나 구덩이가
자기로 하여금 넘어지게 하는 것이 아니라, 거기에 돌부리나 구
덩이가 없을 것이라는 자기의 '생각'이 자기를 넘어지게 한다.

돌부리가 있는데도 그것을 보지 못해서 넘어지게 되었다면
그런 눈은 더 이상 가지고 있을 필요가 없다. 빼어 내 버릴 일
이다 (마5:29). 더듬어 가더라도 안 넘어져야지 괜히 눈 있다고
그 눈 믿고 가다가 넘어진대서야 말이 되는가.

예수의 안타까움은, 겨우 내가 하늘에서 내려온 생명의 떡이
라는 말에서 너희들이 걸려 넘어지느냐에 있다. 이 말보다 더욱
첩첩산중이 얼마나 많은데 겨우 이 말에 걸려 넘어지느냐! 딱하
기도 하다! 그래 그동안 구약성경 가지고 뭣들 했느냐! 너희 조
상들이 광야에서 먹고도 죽은 그 떡을 너희들도 또 찾느냐! 그
것은 말세를 만난 너희들의 경계로 기록된 사실을 모르느냐! 만
나는 하늘로서 내려오는 생명의 떡에 대한, 신령한 양식에 대한
모형과 그림자라는 것을 왜 몰랐더냐!(고전10:1-13)

결코 말씀이 어려워서 그들이 들을 수 없었던 것이 아니요,
더구나 말씀이 그들을 걸려 넘어지게 한 것도 아니다. 말씀이

그들에게 무슨 억하심정이 있다고 그들을 넘어지게 하겠는가.
다만 그들의 마음이 돌같이 굳어져서 그들 조상이 광야에서 하
나님을 시험하고 증험했던 것 같이, 그들도 그들의 강퍅한 마음
대로 행동했던 것이다. 그래서 성경은 줄기차게 '오늘날 너희가
그의 음성을 듣거든 너희 마음을 강퍅케 말라'고 권면하고 있
는데 인간들 역시 줄기차게 강퍅한 마음의 상태로 한다는 말이
'이 말씀은 어렵다, 누가 들을 수 있느냐'다.

　예수의 말씀이 어려운 것 같으면 자기가 죄인인 줄 알 일이
다. 그래서 죄를 회개하고(오해 없기 바란다) 가슴을 칠 일이지
말씀이 어렵다고 투정할 일이 아니다. 자기를 넘어지게 하는 주
체는 자기 속에 있는 '자신'이지 결코 구덩이나 돌부리일 수 없
다. 예수가 혹은 예수의 말이 우리를 넘어지게 하는 것이 아니
라 예수를, 예수의 말을 바라보는 우리의 시각과 생각이 우리를
넘어지게 한다.

　그러면 시각 빼고 생각 빼고 손 찍어 버리고 발 잘라 버리고
어떻게 살란 말인가. 맞는 말이다. 그렇게 되어서는 못산다. 그
러면 죽는 것밖에 없다. 그러나 그렇게 죽는 것이 사는 유일한
길임을 성경이 외치고 있지 않는가.

　아무든지 나를 따라 오려거든 자기를 부인하고 자기 십자
가를 지고 나를 좇을 것이니라. 누구든지 제 목숨을 구원코자
하면 잃을 것이요 누구든지 나를 위하여 제 목숨을 잃으면 찾
으리라 (마16:24-25).

5

가지고 지키는 자

요14:21-24

나의 계명을 가지고 지키는 자라야

나를 사랑하는 자니

나를 사랑하는 자는

내 아버지께 사랑을 받을 것이요,

나도 그를 사랑하여

그에게 나를 나타내리라.

나를 사랑하지 아니하는 자는

내 말을 지키지 아니하나니

너희의 듣는 말은 내 말이 아니요,

나를 보내신 아버지의 말씀이니라.

사랑이라는 것은 어떤 구체적인 행동을 수반하여 나타나게 된다. 물론 사랑하는 대상에 대하여 어떤 구체적인 행동이 없다는 이유만으로, 그 대상을 사랑하지 않는다고 단정적 결론을 내릴 수는 없겠지만, 일반적으로 사람이 사랑을 하게 되면 자신의 애틋한 사랑이 담긴 어떤 구체적 행동을 표현하지 않고는 배길 수 없게 된다. 이러한 배길 수 없는 마음의 상태를 우리는 사랑이라고 일컫는다. 결코 의무로 인한 행위가 아니며, 더더구나 윤리적이며 도덕적인 행위는 사랑으로 인한 행위와는 그 나타남의 결과는 같을지 모르지만 그 본질에 있어 전혀 다르다.

하나님을 믿는다는 것은 '사랑'이어야 한다. 믿음이 하나님과 인간 사이에 구원이라는 상품을 흥정하는 장사여서도 아니되며, 하나님은 조물주시고 인간은 피조물이니까 어쩔 수 없이 '믿어 줄 수밖에 없는' 그런 의무여서도 아니 된다. 이러한 말의 지극히 당연함을 모르는 사람이 없지마는, 이 말은 너무나 당연하여 오히려 소홀한 감이 없지 않다. 즉, 오늘날 신자들이 주일을 지키고, 금식을 하고, 철야기도를 하며, 십일조를 드리는 모든 종교적 행위가 하나님을 사랑해서 나오는 삶의 어떤 구체적 모습이 아니라, 하나님과 우리 사이에 있는 어떤 굴레가 의무화되어 나타나는 현상이라 하여도 지나치지 않다.

사랑에는 '해야 되는 것'과 '해서는 안 되는 것'이란 없다. 사랑 안에는 두려움이 없으며 온전한 사랑은 두려움을 내어 쫓는다. 그러므로 종교적인 어떤 행위를 '했고, 아니했고'의 문제가 자기에게 두려움의 요소로 작용하는 사람은 아직 사랑 안에서 온전히 이루지 못한 줄 알면 된다(요일4:18). 주일을 지킨다거나 십일조를 온전히 드린다거나 하는 문제는 하나님을 사랑하는 문제와는 전혀 별개의 문제다.

참으로 하나님을 사랑하는 사람은 주일이라든지 십일조라든지 하는 말의 개념이 없어진, 오직 하나님에 대한 '사랑'의 개념만으로 삶을 산다. 이런 사람들은 오히려 주일을 어길 수도 있고 경우에 따라서는 인간들이 보기에 십일조를 안 하는 것처럼 보일 수도 있다. 그렇지만 이들에겐 십일조를 안 드리는 것이 하나님을 향한 사랑일 수도 있으며 금식을 하지 않는 것이 하나님에 대한 말할 수 없는 간절함이 되기도 한다.

그러므로 나타나고 드러난 현상만으로 사람들의 믿음이나 사랑을 논하는 것은 참으로 어리석은 일이다. 그럼에도 불구하고 오늘날 세상은 주일을 지키고 십일조를 꼬박꼬박 잘하는 사람이 훌륭한 믿음의 소유자가 되기는 쉬워도, '교회에 대하여' 건달인 사람이 하나님을 사랑하는 사람이라는 평을 얻기는 하늘의 별따기 보다 어려운 일이 되었다. 물론 하나님을 사랑하는 사람들은 세상의 평가에 개의치 않는 사람들이기 때문에 그들 자신이 어떤 영향을 받는 것은 아니지만, 내적인 사랑을 외적인 표현으로 재단하려고 하는 세태가 안타까울 뿐이다.

사랑의 외적인 표현은 '이것이다' 라고 정형화(定型化) 할 수 있는 것이 아니다. 사랑이 정형을 가지게 되면 시간이 흐름에 따라 정형화(定型化) 된 행위가 사랑을 내쫓게 된다. 그러면서 그러한 행위들이 사랑의 표현인양 자리 잡고 주인행세를 하기 시작한다. 그러므로 사랑의 정형(定型)은 무정형(無定型)이어야 한다. 정형에서는 사랑이 살 수 없다. 정형은 의무며, 윤리며, 도리며, 행위기 때문이다. 정형은 꽉 짜인 틀이어서 획일화 된 결론만 강요하기를 좋아한다. 그래서 이 땅의 모든 자녀들은 어버이날이 되면 카네이션 한 송이로 부모에 대한 사랑을 표현하고자 한다. 그런데 사람들이 '카네이션' 을 선택하는 이유란 별것이 아니다. 오직 다른 모든 사람들이 카네이션을 자기들 사랑의 표현 수단으로 이용하기 때문이며 시중의 모든 꽃가게가 의당 어버이날에는 카네이션을 달아드리는 것으로 정형화 해 놓았기 때문이다.

이 정형화 되어 있는 세상에서 무정형(無定型)을 주장하는 것은 위험하기 짝이 없는 노릇이다. 정형 속의 무정형은 곧 이단을 의미하며 이단은 또다시 '사랑이 없음' 으로 오해되기 때문이다. '정형은 곧 사랑' 이라는 등식이 성립되지 못하듯이 '무정형은 곧 무사랑' 이라는 논리도 모순이다. 오히려 사랑의 존재양식은 무정형이다. 사랑은 카네이션 한 송이를 부모님 가슴에 달아드리는 것이 아니다. 뿐만 아니라 쇠고기 반찬에 흰 쌀밥으로 대접해 드리는 것도 사랑일 수 없으며, 동남아 5개국 효도관광을 보내드리는 것도 사랑과는 아무런 상관없이 이루어질 수 있다.

이렇듯 일순간 혹은 어쩌다 한번 '해 드리는' 우리들의 행위는 사랑과는 아무런 상관관계가 없음에도 불구하고 사람들은 끊임없이 그러한 것들로 사랑을 측량하고자 한다. 하나님은 그러한 사랑에 속지도 않으시거니와 오히려 사랑이라고는 손톱만큼도 없으면서 사랑을 운운하는 그 입술과 손 때문에 가슴 아파하신다.

본문의 말씀은 사랑의 무정형성을 강조한 말씀이라 하여도 지나치지 않다. 분명히 주님은 '나를 사랑한다'는 의미를 정형화하여 이르시기를 '나의 계명을 가지고 지킨다'는 뜻으로 말씀하셨다. 주님을 사랑한다는 것이 무엇인가. 다름이 아니라 주님의 계명을 가지고 지키는 것이란 뜻이다. 이것만이 주님을 사랑하는 것이다. 이것 외의 어떤 것도 사랑과는 거리가 멀다. 주님은 우리의 노력이나 봉사나 희생이나 돈을 요구하시지 않는다. 오직 우리의 사랑을 원하신다. 물론 사랑 속에는 노력이나 봉사나 희생처럼 보이는 어떤 요소가 있을 수 있으나 그것은 노력이나 봉사, 혹은 희생이 아니라 사랑이다. 노력 봉사 희생 등은 사랑이 아니다. 왜냐하면 그것들은 얼마든지 정형화되기 때문이다. 이럼에도 불구하고 주님은 사랑의 정형에 대하여, 본문의 말씀 '나의 계명을 가지고 지키는 것'으로 규정지었다.

왜 주님은 정형화 되지 않는 사랑을, 그의 계명을 가지고 지키는 '행위'로 정형화 하셨는가. 또한 그의 계명을 가지고 지키는 행위는 의무나 도리로 전락할 가능성은 없는가. 여기에 문제점이 있다. 오늘날 신자들도 주님을 사랑하는 것이 그의 계명을 가지고 지키는 것인 줄 너무나 잘 안다. 그러나 그들은 주님의 말씀을 '가지고 지키는 것'을 해석이라는 과정을 거쳐 '말씀대로 사는 삶'으로 정형화 한다. 이렇게 되면 주님의 말씀은 '나를 사랑하는 자는 나의 계명대로 사는 자'라는 뜻으로 둔갑하게 된다.

그러나 여기까지는 그런대로 수긍한다고 하더라도, 그러면 '과연 얼마만한 사람들이 그의 계명대로 사는가'라는 물음에 대해서는, 고개가 가로로 저어질 수밖에 없다. 즉 그의 말씀대로 살아야 그를 사랑하는 사람이며, 주님을 사랑하는 사람만이 신앙의 의미가 있는 사람인데, 입으로는 주님을 사랑한다고 하면서 몸으로는 주님의 말씀대로 살아지지 않는 이율배반의 모순 구조 속에서 헤어나지 못하는 모습을 오늘날 기독교가 안고 있다. 그러면서 변명하기를 '어떻게 사람이 하나님을 온전히 사랑할 수 있나요. 다만 우리는 부족한 인간이니까 열심히 사랑하려고 노력하는 거지요. 그러니까 주님이 십자가에서 우리의 이 모든 부족함을 대속해 주신 것 아닙니까?'라고 오히려 자랑스러워한다.

사랑은 그것 자체로 온전한 것이지 온전한 사랑이 따로 있고 부족한 사랑이 따로 있는 것이 아니다. 온전한 사랑을 못한다는 고백은 아직 사랑이 뭔지 잘 모르겠다는 말과 동일하다.

'가지고 지킨다'는 말을 '말씀대로 산다'는 뜻으로 '해석'해

놓으면 그 정형 속에 맞을 인간은 없다. 천하 없는 인간이라도 사람은 하나님의 '말씀대로' 살 재간이 없다.

그러면 주님이 사랑의 정형으로 제시한 '가지고 지킨다' 는 의미는 무엇인가. 여기서 '나의 계명'이 무엇인지는 일단 논외로 하자. 주님께서 24절 말씀을 통하여 당신의 계명과 말씀을 동일시 하셨으므로 우리가 '가지고 지킬' 목적어는 주님의 '말씀' 으로 보아도 크게 틀림이 없을 것이다. 이 목적어를 받고 있는 동사가 문제의 초점이 되고 있는 '가지다' 와 '지키다' 다.

가지다는 말의 의미가 무엇인가. 국어사전은 이 말을 정의하여 이르기를 '타동사로서 1)제것이 되게 하다(own) 2)제 몸이나 마음에 지니다(have)' 로 설명한다. 이미 우리가 아는 대로다.

두 번째, 지키다는 말은 의미가 좀 다양하다, '타동사로서 1) 물건을 잃어버리지 않도록 두루 살피다(defend) 2)잡힌 사람들의 출입을 금하며 감시(監視)하다(guard) 3)환란을 막으려고 주의하여(watch)살피다 4)절개를 변하지 않고 굳게 가지다(adhere to) 5)약속이나 법률 또는 규칙 같은 것을 어기지 아니하고 그대로 행하다(keep)'

좀 길지만 사전의 개념 정의를 대부분 인용한 것은 이 '지키다' 라는 말의 의미가 좀 미묘하기 때문이다. 우리가 지금까지 하나님의 말씀을 가지고 지킨다는 의미를, 말씀을 준수하며 말씀대로 산다는 뜻으로 이해해 왔다면, 우리는 지킨다는 개념을 위 5번이나 4번의 뜻으로 생각한 결과다. 물론 우리말의 개념으로 볼 때에 5번이나 4번이 훨씬 더 합리적이고 타당성이 있다. 왜냐하면 하나님의 말씀은 우리가 어기지 않고 행할 명령이지 결코 우리가 잃어버리거나 도둑맞지 않도록 감시해야 하는 어떤 물건은 아니기 때문이다.

정형화 할 수도 없고 정형화 될 수도 없는 사랑이 우리에게 정형적인 어떤 행위로 강요되게 된 원인이 여기에 있다. 즉 '지키다' 라는 한마디의 단어를 위 사전에서 언급하듯이 1,2,3번적인 살피다, 감시하다(defend, guard, watch) 등의 의미로 읽지 못하고, 순종이나 어기지 않음의 뜻으로 읽은 잘못이, 사랑을 행위로 설명하게 된 근본 배경이다.

이러한 단어의 개념은 원어인 헬라어에서도 동일하다. 이 단어는 테레오(τηρέω)인데 이것은 테로스(τηρός, 감시, 파수병, a guard)에서 유래했다. 이 단어가 사용된 신약의 용례를 살펴보면 대부분이 말씀 혹은 계명들을 지키라고 할 때 사용되었으며 (마19:17,23:3, 요8:51,52, 9:16, 14:15,21,23,24, 15:10,20, 요일2:3-5 등) 그 외의 곳은,

마27:36 그 옷을 제비뽑아 나누고 거기 앉아 **지키더라.**

마28:4 (무덤을)**수직**(守直)하던 자들이 저를 무서워하여…

요17:11 거룩하신 아버지여 내게 주신 아버지의 이름으로 저희를 **보전**(保全)하사 우리와 같이 저희도 하나가 되게…

행12:5-6 이에 베드로는 옥에 갇혔고… 파수꾼들이 문 밖에서 옥을 **지키더니.**

등에서 볼 수 있는 것처럼, 간직이나 감시, 경비 등의 개념으로 쓰였다. 이처럼 마음속에 '간직할' 말씀을 내 몸으로 행해야

하는 말씀으로 오해한 데서 유대교와 기독교의 비극은 유래한
다.

그래서 '가지다'가 먼저고 '지키다'는 나중이다. 왜냐하면 가
진 것이 있어야 지킬 것이 있기 때문이다. 돈도 많고 값진 패물
도 많은 집일수록 문단속에 신경을 많이 쓴다. 집 주위에 적외
선 감시기를 설치한다거나 CCTV를 통하여 출입자를 일일이
감시하기도 하며 사나운 개를 풀어 놓기도 한다. 좀 더 나아가
면 경비원을 고용하여 일삼아 집을 지킨다. 그러나 밤손님이 실
례해 갈만한 어떤 값진 것이 없는 집안일수록 '지킨다'는 개념
이 희박하다. 자기의 소유를 잃어버릴까봐 전전긍긍하는 거지를
본 적 있는가?

말씀의 귀중함과 보배로움을 알고, 그것을 많이 가지고 있는
사람일수록 그것을 지키고자 하는 애착은 커진다. 말씀은 우리
가 행할 수도 없거니와, 우리로 하여금 행하라고 주신 것도 아
니다. 말씀은 가지는 것이요, 가진 것은 도둑이 훔쳐가지 못하도
록 지키라고 주신 것이다. 분명히 하나님의 계명에 '도둑질하지
말라'는 말씀이 있음에도 불구하고 하나님의 말씀을 도둑질해
가는 못된 무리들이 있기 때문에(렘23:30), 하나님을 사랑하는
자들은 그 말씀을 지키는 것이 의무가 아닌 자연스러운 삶이
되는 것이다. 왜냐하면 그 말씀은 '하나님의' 말씀이기도 하지
만 '나의', '내가 가지고 있는' 말씀이기도 하기 때문이다.

율법과 은혜의 차이는 여기서도 발견된다. 율법이란 나와는
상관없는 객체로 존재하면서 다만 나에게 그것의 준수만 강요
한다. 그러므로 온 율법을 다 지키다가 거기서 하나만 범해도

우리는 그것 모두를 지키지 않은 것과 동일한 대우를 받는 것이다(약2:10-). 오늘날 하나님 믿는 사람들이 하나님의 말씀대로 살려고 노력하면서, 그렇더라도 인간이 온전히 하나님의 말씀대로 살 수 없다는 고백과 탄식을 하는 것은, 하나님의 말씀이 율법으로 적용되기 때문이다. 하나님께는 0점이나 99점이나 100점이 아니란 점에서 모두 낙제점이다. 하나님이 원하시는 행위의 완성점, 행동의 합격점은 100점이다. 그러기 때문에 누구든지 온 율법을 지키다가 그 '하나'에 거치면 '모두' 범한 자로 간주되는 것이다. 이점은 절대로 하나님의 모순이나 억지가 아니다. '말씀대로 살고자 하는 자'는 반드시 이 원칙의 적용을 받는다. 즉 내가 살 수 있는 만큼의 말씀대로 살았다고 하나님 앞에 인정받을 수 있는 것이 아니다. 하나님은 우리의 부족함을 인정치 않는다. 하나님이 말씀하신 모든 말씀대로 살 때에야 비로소 우리는 하나님의 인정을 얻을 수 있다.

그러나 은혜는 이와 다르다. 은혜는 율법처럼 객체적인 것이 아니라 주체적이며 주관적인 것이다. 즉 은혜는 은혜의 총량이 주어져 있는 것이 아니고 '내게 임한만큼'의 은혜다. 다시 말하면 율법은 내가 그렇게 행동하며 살 수 있느냐 없느냐와 상관없이 우리에게 주어진 것인 반면, 은혜는 내게 주어진 말씀만 지키면 그것으로 온전히 이루어지기 때문에 감사요 감격이다.

예를 든다면, 율법이란 월 300만원의 봉급쟁이에게 먹고 살며 저축하여 평생 동안 1천억을 만든다면 구원해 주겠다는 뜻인 반면, 은혜란 월 300만원의 봉급으로 먹고 살고 도둑질만 당하지 않는다면 구원해 주겠다는 뜻이라고도 할 수 있다. 전자는 불가능한 대신 매력적인 것이요, 후자는 너무 쉬워서 재미가 없는 것이다. 그런데 한 가지 안타까운 점은 오늘날 소위 은혜로, 믿음으로 구원받는다는 대부분의 기독교인들이 의외로 전자의 길을 가고 있다는 점이다. 왜냐하면 1천억이란 돈이 너무너무 매력적이기 때문이다. 그럼에도 불구하고 이들 대부분이 인생을 마감할 때 작성하는 대차대조표엔 고작 수억 내지 수십억의 수치만 올라 있는데 이 정도만으로도 세상 사람들에 의하여 이구동성으로 칭찬받는 삶이 된다. 결국 사람의 영광을 하나님의 영광보다 더 사랑한 삶이란 증거다(요12:43).

주님을 사랑한다는 것은 그의 말씀대로, 말씀에 순종하여 사는 삶이 아니다. 이런 순종은 참된 의미의 순종도 아니며 따라서 하나님의 말씀 앞에 순종할 수도 없다. 주님을 사랑하는 삶은 먼저 본문의 말씀대로 그의 말씀을 '가져야' 한다. 가진 말씀이 없는데 무엇을 지킬 것인가. 지킴이 가죽으로 표지를 입히고 금박으로 장정된 성경책을 지키란 말씀이 아니며, 가짐 역시 성경책을 돈 주고 사서 가지라는 말씀이 아니다. 성경의 문자는 하나님의 말씀이 아니다. 우리가 가져야 하고 지켜야 하는 것은 하나님의 말씀이다.

이 말씀이 어디에 있는가. 오늘날 기독교인들의 불행은 하나님을 믿으면서 하나님의 말씀은 어디 있는 줄 모르고 있다는 점이다. 그러면서 말씀대로 살려고 아우성친다. 성경은 인간으로서는 말씀대로 살 수 없다는 사실을 명백히 밝혀 놓고 있음에도 불구하고(롬8:3), 말씀대로 살아보려는 그 절규야말로 인간들이 하나님 말씀의 소재에 대해 무지하다는 방증이다.

반문해보자. 나는 하나님을 사랑하는가. 그렇다면 내가 가진 말씀은 무엇이며 그것을 구체적으로 지키고 있는 삶은 무엇인가. 하나님께는 불의가 있을 수 없다. '네가 나의 인내의 말씀을 지켰은즉 내가 또한 너를 지키어 시험의 때를 면하게 하리니'(계3:10)를 기억한다면 다른 변명을 하지 못할 것이다. 오늘 나의 삶이 애지중지 지켜온 하나님의 말씀은 과연 무엇인가. 아니, 그렇게 지켜온 말씀이 과연 있는가.

6

종교 행위의 본질

사66:1-4

이는 내가 불러도

대답하는 자 없으며

내가 말하여도

그들이 청종하지 않고

오직 나의 목전에

악을 행하며

나의 기뻐하지 아니하는 것을

택하였음이니라.

오늘날도 이사야의 탄식과 울부짖음은 여전히 옳다. 왜냐하면 참으로 '해 아래 새것이 없음(전1:9)' 같이, 모든 인간들의 하나님을 향한 신앙 역시 예나 지금이나 변함이 없고, 오히려 그 나중 형편이 전보다 더욱 심하게 되었기(마12:45) 때문이다.

　벌써 이사야 시대에 여호와께서 말씀하시기를

　'하늘은 나의 보좌요 땅은 나의 발등상이니 너희가 나를 위하여 무슨 집을 지을꼬, 나의 안식할 처소가 어디랴(사66:1)' 하고 탄식했음에도 불구하고,

　또한 신약 최초의 순교자 스데반도 돌에 맞아 죽으면서

　'다윗이 하나님 앞에서 은혜를 받아 야곱의 집을 위하여 하나님의 처소를 준비케 하여 달라 하더니 솔로몬이 그를 위하여 집을 지었느니라. 그러나 지극히 높으신 이는 손으로 지은 곳에 계시지 아니하시나니(행7:46-48)' 라고 외쳤음에도 불구하고,

　뿐만 아니라 믿음의 사람이요 하나님의 사도인 바울 역시

‘우주와 그 가운데 있는 만유를 지으신 신께서는 천지의 주재시니 손으로 지은 전에 계시지 아니하시고 또 무엇이 부족한 것처럼 사람의 손으로 섬김을 받으시는 것이 아니니(행17:24-25)’라고 가르쳤음에도 불구하고,

　왜 우리는 손으로 지은 하나님의 성전을 갖지 못해 아우성인가. 왜 우리는 천지의 주재이신 하나님을 장터 건물 하나 세내어 입주시키지 아니하면 거처할 곳이 없는 무일푼으로 만드는가. 더더구나 한심한 것은 우리가 집짓고 사는 이 땅을 누가 만든 것이며, 그래서 그것이 누구의 것인 줄 빤히 아는 우리들이 어찌하여 ‘하나님을 위하여’ 땅 한 평을 ‘헌금’한다고 작정하고 기도하고 충성하는가. 그 땅은 본문의 말씀대로 하나님의 발등상이 아니던가. 그 발등상을 파헤치고 거기다 콘크리트 섞어 부어, 기어이 바벨탑을 쌓아 올려야만 속이 시원할 것인가.

　많은 사람들이 그렇게 산다. 그러나 그것은 ‘나의 손이 이 모든 것을 지어서 다 이루었느니라(사66:2)’는 여호와 하나님의 말씀에 정면으로 도전하는 삶이요, 하나님의 완벽한 작품에 망치질하는 훼방의 삶일 뿐, 믿음도 아니요 섬김도 아니며 헌금도 아니라는 사실이다.

　어쩌자고 이 엄청난 미혹의 길로 사람들이 떼를 지어 흐르고 있는가. 과연 누가 있어 이 흐름을 역류시킬 것인가. 이 흐름을 역류시키기엔 어느 한 사람의 노력으로는 불가능하다. 아니 어떤 단체나 훌륭한 운동(movement)으로도 그것은 역부족이다. 그러면 어쩔 것인가.

또 내가 들으니 하늘로서 다른 음성이 나서 가로되 내 백성
아 거기서 나와 그의 죄에 참여하지 말고 그의 받을 재앙들을
받지 말라 (계18:4).

롯과 그의 가족이 소돔으로부터 '탈출' 했듯이 우리도 그래야
한다. 저 일시 간에 망할(계18:17), 귀신과 각종 더러운 영의 기
거처(계18:2)인 바벨론 성으로부터, 그들의 삶의 양태로부터, 그
들의 생각의 흐름으로부터 빠져 나와야 한다. 그래서 이 벽돌집
을 하나님의 성전이라 부르는 말도 안 되는 거짓말에(렘7:4) 속
지 않아야 한다. 그 곳은 바알의 전이요 알지 못하는 다른 신들
의 전일 뿐(렘7:9) 결코 하나님의 전은 아니다.

놀랄 일이 아니다. 이 말은 결단코 새로운 말이 아니다. '내
백성 이스라엘의 죄를 인하여 내가 어떻게 행할 것을 보라' 하
시며 '내가 너희에게 말하되 새벽부터 부지런히 말하여도 듣지
아니하였고 너희를 불러도 대답지 아니했다' (렘7:13)고 책망하
는 여호와의 말씀대로 유사 이래 계속 되어온 '헛된 믿음'에 대
한 경고요, 안타까움이며, 돌아오라는 사랑의 메시지다.

그러면 우리는, 하나님을 믿는 우리가 어디서 예배드리며 어
디서 서로 모여 사랑의 교제를 나눌 것인가 반문하게 된다. 그
렇다. 그런 장소는 있어야 한다. 그러나 그곳은 어디까지나 '우
리의' 모이는 장소일 뿐 '하나님의 성전'은 아니라는 점이 중요
하다. 이것이 뒤섞이면 우리는 우리의 집을 지어놓고 그것을 하
나님의 집이라고 우기게 되며, 뿐만 아니라 제 집 짓는데 쓴 돈
을 어처구니없게도 하나님께 헌금했다고 자긍하게 된다. 착각하

지 말자. 그것은 하나님의 집도 아니며 헌금도 아니다. 오직 우리들이 모이는 곳이며 이를 위한 '필요경비'일 뿐 하나님은 거기서 한 푼도 받지 않는다. 눈에 빤히 보이는 이 엄연한 사실을 믿지 않으면서 어떻게 보이지도 않는 하나님을 믿는다 하는가.

소를 잡고 어린 양으로 제사 드리며 예물을 하나님께 드리는 것(사66:3), 이것이 곧 살인이요, 우상숭배다. 우리들이 하는 일은 늘 이 모양이다. 하나님을 섬기는 길인 줄 알고 행한 것이 오히려 우상을 섬기는 것이니 어찌할 것인가. 이스라엘 백성이 과연 소를 잡아 바알의 신당에 바쳤던가. 그들이 어린 양을 잡아 제사 드린 것이 하나님을 향하는 그들 마음의 숨김없는 표현 아니었던가. 그들의 모든 '종교적인 행위'는 살아계신 하나님을 향하여 타오르는 내적 순수함의 외적 증거 아니었던가. 그럼에도 불구하고 어찌하여 이사야는 오히려 그것이 살인이요 우상숭배라고 선언하는가. 우리는 누구와 같은 신앙생활을 하는가. 여호와의 말을 인하여 떠는(사66:2) 신앙생활인가 아니면 나의 좋은 것 ― 소, 양, 예물 ― 을 갖다 바치는 신앙생활인가. 우리는 성경이 책망하는 대상을 향해 변호하는 사람들인가 아니면 그들을 향해 성경과 동일한 책망을 입에 담는 사람들인가. 만일 우리가 성경이 책망하는 대상을 옹호하는 사람이라면 우리 역시 성경이 책망하는 대상임에 틀림없다.

무엇을 들고 우리는 여호와 앞에 나아가고 있는가. 떨리는 마음과 통회하는 심령을 가지고 가는가 아니면 소와 양과 예물인가. 그래서 미가 선지자도 이점을 경계하여 다음과 같이 외쳤다.

내가 무엇을 가지고 여호와 앞에 나아가며 높으신 하나님께 경배할까. 내가 번제물 1년 된 송아지를 가지고 그 앞에 나아갈까. 여호와께서 천천(千千)의 수양이나 만만(萬萬)의 강수(江水)같은 기름을 기뻐하실까. 내 허물을 위하여 내 맏아들을, 내 영혼의 죄를 인하여 내 몸의 열매를 드릴까. 사람아! 주께서 선한 것이 무엇임을 네게 보이셨나니 여호와께서 네게 구하시는 것이 오직 공의를 행하며 인자(仁慈)를 사랑하며 겸손히 네 하나님과 함께 행하는 것이 아니냐. (미6:6-8)

여기서도 우리가 착각하지 말 것은 공의를 행하는 것을 하나님께 무엇을 바치는 것으로, 인자(仁慈)를 사랑하라는 것을 자비를 베푸는 것으로 오해해서는 안 된다는 점이다. 우리의 자비를 베풀라는 말이 아니라 하나님의 자비를 사랑하라는 말이다. 즉 내가 무엇을 하는 것이 아니라, 하나님이 해놓은 어떤 것을 기다리고 사랑하고, 그래서 그것과 '함께' 하는 것이 신앙이다. 하나님의 인자를 사랑하는 것은 은혜지만 나의 자비를 베풀려는 것은 율법이요, 우리의 노력일 뿐이다. 그것이 곧 우리의 율법적 제사다. 따라서 이러한 우리의 모든 율법적 제사는 육신의 연약으로 인하여 할 수 없는 그것을(롬8:3) 하려는 시도요, 곧 하늘 보좌를 넘보는 바벨탑을 쌓는 신앙이다.

그러므로 소를 잡아 드리는 것이 곧 살인이다. 어린 양으로 제사 드리고 예물을 가져다 바치는 것이 곧 우상숭배다. 결코 온전케 될 수 없는 사랑을, 그렇게 될 수 있다고 속이는 사기며 이것이 현대판 창세기 3장이다.

그러므로 우리가 여호와를 알자. 힘써 여호와를 알자. 그의 나오심은 새벽빛같이 일정하니, 비와 같이 땅을 적시는 늦은 비와 같이 우리에게 임하시리라 (호6:3).

우리의 종교적 행위를 북돋우고 우리의 충성을 강요하며, 우리로 하여금 우리의 죄를 위하여 제사 드리게 하는 하나님, 그가 곧 뱀이요 사탄이다. 하나님을 안 믿어서 망하는 것이 아니라 하나님이라고 믿는 그것이 사탄인 줄 몰라서 망한다. 호세아의 부르짖음에 귀를 기울이자.

내 백성이 지식이 없음으로 망하는도다. 네가 지식을 버렸으니 나도 너를 버려 내 제사장이 되지 못하게 할 것이요, 네가 네 하나님의 율법을 (행치 아니 하였으니가 아니라) 잊었으니 나도 네 자녀를 잊어버리리라. 저희는 번성할수록 내게 범죄하니 내가 저희의 영화를 변하여 욕이 되게 하리라 (호4:6-8).

옳다. 저희의 번성이 오히려 범죄요, 하늘을 찌를 것 같은 저희의 영화로움이 그들의 욕이 되는 것은 당연하다. 왜냐하면 그것들은 모두 하나님과 상관없이 그들의 손이 이루고 그들의 머리가 세운 허상이기 때문이다.

나는 신학을 공부했기 때문에 여호와 하나님께 대한 '지식'이 있다고 생각하는 사람들일수록 지식이 없다. 성경의 지식은 머리로 배우는 것이 아니라 몸으로 사는 것이기 때문이다. 동거하지 않는 남편에 대한 앎이란 피상적이며, 건조하기 이를 데 없다. 이러한 것은 지식이 아니다. 범부(凡夫)의 삶이 지식이다. 낫 놓고 기역자를 모르더라도 낫을 가지고 살면 그는 낫을 아는 사람이다. 오늘날 신학의 맹점이 이것이다. 기역자를 알자는 것인지 낫을 알자는 것인지 — 이것이 문제다. 낫을 가지고 기역자나 가르칠 바에야, 그것도 명조체냐 고딕체냐 입에 침 튀어가며 떠들 바에야 오히려 낫을 없애는 것이 더 인간적이다.

하나님을 믿는다고 생각하는 사람들의 역사가 이것이다. 이들은 자기들의 길을 스스로 택해왔다 (사66:3). 여호와의 말씀 앞에 앉기 보다는 소를 잡고 어린 양으로 제사 드리기 좋아하는 인간들의 마음이, 죄와 한통속이 되어 만들어 온 역사와 그 역사의 결정(結晶)이 곧 바벨론 성, 하나님은 없고 우상만 판치는 '하나님의 전'이다. 죄가 종교라는 가면을 뒤집어쓰고 속고 속이며 살아온 역사 — 이것이 우리들 종교적 여러 행위의 본질이다.

그러므로 도리 없는 것은 이제 하나님도 유혹을 그들에게 택하여 주며, 그 무서워하는 것을 그들에게 임하게 하리라(본문4절)는 점이다. 그 유혹의 현현이 바로 데살로니가후서 2장 4절 이하다.

저는 대적하는 자라 범사에 일컫는 하나님이나 숭배함을 받는 자 위에 뛰어나 자존하여 하나님 성전에 앉아 자기를 보여 하나님이라 하느니라.

하나님도 아닌 것이 하나님이라고 거룩하게 앉아 있고, 그 하나님 아닌 하나님에게 돈·시간·젊음·노력·열심 모두 갖다 바치는 인간들을 보라! 돈이야 돌고 도는 것이니 좀 손해 본들 대수겠는가 마는, 생명 아닌 선악 때문에 생명을 제쳐 놓는다면, 더 나아가 생명을 잃게 된다면 우리는 어디 가서 이 억울함을 풀 것인가. 돈 잃고 몸 버리고 — 이것이 어찌 제비족에게 당한 유한마담들만의 고백이겠는가. 창피하고 부끄러운 마음에,

죽기를 구하여도 얻지 못하고 죽고 싶으나 죽음이 저희를 피하리로다 (계9:6).

이럴 때 저희들이 할 말 — 산과 바위에게 이르되 우리 위에 떨어져 보좌에 앉으신 이의 낯에서와 어린 양의 진노에서 우리를 가리우라(계6:16) — 하리라.
우리는 지금 어디쯤 가고 있는가!

7

입술과 마음

마15:1-20

이 백성이 입술로는

나를 존경하되

마음은 내게서 멀도다.

사람의 계명으로

교훈을 삼아 가르치니

나를 헛되이

경배하는도다.

하나님께서 왜 인간들을 책망하시는가. 신앙생활을 아니 했다고 책망하시는 줄 알면 오산이다. 하나님께서는 우리의 불신앙을 책망하시는 것이 아니라 우리의 신앙을 책망하신다. 본문에서도 보는 것처럼 우리가 하나님을 존경하지 아니했다고 책망하시는 것이 아니요 입술로만 존경했다는 책망이며, 경배하지 않은 것에 대한 책망이 아니라 헛된 경배에 대한 책망이다.

즉 바리새인들도 하나님을 존경하고 경배한 것만은 분명한 사실인데, 문제는 그들이 그러한 존경과 경배를 마음으로 하지 아니하고 입술로만 했다는 데 있다. 그러므로 하나님을 존경하고 경배해야 한다고 그 당위성을 가르치기 이전에, '어떻게' 존경하고 경배할 것인가부터 알고 가르쳐야 한다. 그렇지 아니하면 본문의 주인공들처럼 실컷 신앙생활을 하고도 책망만 듣는 어리석은 사람이 되기 때문이다.

인간들은 누구나 막론하고 모두 다 신앙생활을 한다. 다만 다른 점은 신앙생활을 어떻게 하느냐만 다를 뿐이다. 불신자들의 신앙은 불신으로 하나님을 믿는 것이요, 신자들의 신앙은 신(信)으로 하나님을 믿는 것인데 성경이 언급하는 대상은 후자들이다. 즉 성경이 '너희'라든지 '저희'라든지 '제자들'이나 '바리새인들'을 언급할 때에는, 그들 모두 하나님을 믿는 사람들이라는 점이다. 그러므로 성경이 '세상'이라는 표현을 썼다 해서, 하나님도 모르고 성경도 모르는 대상으로 생각할 일이 아니다. 하나님을 알고 믿는 사람들 가운데서의 '세상'이다. 이점을 간과하면 성경의 모든 지적은 허공에 뜰 수밖에 없다. 즉 성경은 성경을 보는 사람들에 대한 가르침과 책망인데, 하나님을 믿어 성경을 보게 되었다고 성경이 지적하는 '세상'이라는 대상에서 자기는 빠져 나왔다고 생각한다면, 성경은 늘 허공에다 외치는 모양밖에 되지 않는다. 그렇지 않다. 성경은 하나님을 믿고 하나님을 찾는 사람들을 향한 발언이다. 본문의 지적처럼 하나님을 '존경하고, 경배하는' 사람들을 향하여 때로는 믿지 않는다고 책망도 하고, 때로는 헛되이 섬긴다고 꾸짖기도 하는 것이다.

그러나 오늘날 가장 큰 문제 가운데 하나는 교회에 나와서, 예수께서 자기 죄를 위하여 십자가에 죽고 부활하셨다고 인정하고 믿으면, 그 사람은 그 때로부터 성경이 말하는 '우리'가 되는 점이다. 그러므로 이 사람은 성경을 읽을 때, 성경이 책망하는 대상(즉 바리새인이나 서기관, 혹은 '저희들')에서는 쏙 빠지고 늘 긍정적이고 구원받은 대상에만 끼어들어 평안을 누리게 된다. 그래서 본문처럼 '이 백성이 입술로만 나를 존경한다'는 말씀을 읽어도 그건 자기보고 하는 얘기가 아니라, '예수도 모르고 하나님도 모르는 불신자'를 향한 얘기인 줄 착각하게 된다. 뿐만 아니라 '너희는 곡하고 애통하겠으나 세상은 기뻐하리라(요16:20)'는 말씀을 읽을 때에도, 자기가 세상일 수도 있다는 생각은 꿈에도 갖지 않는다. 이것이 비극의 씨앗이다.

성경은 인간의 불신을 책망하지 않는다. 왜냐하면 이것은 책망의 가치조차 없기 때문이다. 미운자식 떡 하나 더 준다는 속담처럼 아예 제쳐놓은 대상들이기 때문이다. 그러면 누구를 책망하는가. '자기 식'으로 하나님을 믿고 섬기고 경배하는 사람들이다. 성경은 이 사람들을 향하여 멸망의 자식(요17:12)이요, 악한 자의 아들(마13:38)이라 외친다. 예수께서 바리새인들에게 '독사의 자식들'이라고 칭하신 것만 보더라도 이것은 분명하다. 또한 사도 바울이 다메섹도상에서 예수 그리스도를 만나기 이전의 '신앙생활'을 자기가 '믿지 아니할 때'라고 규정(딤전1:13)한 사실도 이것을 증명한다. 사도 바울에게 있어서 다메섹 사건은 '자기 식 신앙'으로부터 '하나님 식 신앙'으로의 이행(移行)이었다. 그러므로 성경에서 믿지 않는다는 표현을 쓰는 것은 곧 '자기 식'으로 믿는다는 말과 같으며, 마찬가지로 '믿는다'는 표현 역시 '하나님 식'으로 믿는다는 말이다.

성경의 모든 역사는 자기 식으로 하나님을 믿고 섬기는 사람들과 하나님 식으로 하나님을 존경하고 경배한 사람들의 삶의 기록이다. 그러므로 우리가 우리 자신을 성경에 비추어서 어떤 식으로 하나님을 믿고 있는가를 생각해보면 된다. '자기 식'으로 얼마나 많이 믿었느냐가 중요한 것이 아니라, '하나님의 믿음'이 우리에게 있느냐가 문제의 핵심이다 (마5:20).

본문의 지적도 그것이다. 즉 바리새인들이 자기들 조상 대대로 내려오는 유전을 지키기 위해서 하나님의 계명을 범했다고 예수께서 책망하시는데, 결국 '너희 유전'이란 자기들 나름의 하나님을 섬기는 방법이란 말이다. 즉 당시 바리새인들의 유전 가운데 떡 먹을 때에는 손을 씻어야 한다는 내용이 있었는데, 이것은 단순히 위생상의 문제가 아니라 신앙생활의 일부였다. 따라서 떡을 먹을 때에 손을 씻고 먹지 않으면, 아직 신앙수준이 어리다든지, 하나님 앞에 할 바를 다하지 못하는 것으로 간주되었는데, 이것은 오늘날로 치면 '식사기도'에 해당하는 문제로 볼 수 있다. 웬만한 수준의 신앙인들 가운데 식사기도를 빼놓고 식사한다는 것을 상상이나 할 수 있는가. 또한 사람들이 많이 모이는 식당에서 식사기도를 공개적으로 함으로써 자기가 '예수'를 사람 앞에서 시인하는 것으로 착각하시는 분도 계시는데 이것이 문제요, 이것이 '자기 식' 신앙의 일례(一例)다.

예수의 반론을 보자. 당시 유대인들의 유전 가운데 '고르반'이라는 것이 있었는데, 이것은 자기 부모를 부양하는 데 필요한 일정량을 '고르반(예물, 선물)'이라고 선언하면, 율법에서 정한 '부모를 공경하라'를 이행치 않아도 된다는 것이었다. 즉 부모를 공경하는 것보다 하나님께 드리는 것(고르반)이 우선이라는 논리가 이런 유전을 만들어 낸 것인데, 얼핏 보면 하나님을 잘 섬기자는 유전 같으나, 사실은 그 유전으로 말미암아 하나님의 말씀인 '부모를 공경하라'를 파하는 역할을 하고 있다고 예수는 지적하고 있다.

문제는 하나님을 잘 섬기자는 미명하에 만든 '유전'이라는 것이 결국 하나님의 '말씀'을 폐하는 데 있다. 우리가 신앙생활을 매우 그럴듯하게 하기 위하여 '새벽기도'를 만들어 낸 것까지는 좋으나(?) 이 새벽기도가 '쉬지 말고 기도하라(살전5:17)'는 성경말씀을 폐하는 것이 되어서는 문제가 심각하다. 성경은 우리를 향하여 '쉬지 말고' 기도하라고 했지 '새벽'에만 기도하면 온전한 신앙생활을 하는 것이라고 말하지 않았기 때문이다. 새벽기도는 자기 식 신앙이요 사람들의 유전적 신앙이다. 이런 종류의 신앙이 결국 이사야가 지적한 입술만의 신앙인 줄 알아야 할 것이다.

　결국 본문의 지적도 '부모를 공경하는 것'이 신앙이지 '하나님께 드리는 것'이 신앙이 아니란 말이다. 그래서 예수께서는 자기 식으로 신앙생활을 하고 있는 바리새인들과 서기관들을 향하여 이사야의 예언을 인용하신 것이다.

　그러면 문제는 왜 이들 바리새인이나 서기관들이 그렇게 마음에도 없는 입술로만의 신앙을 할 수밖에 없었느냐 하는 점이다. 왜 좀 더 하나님을 잘 섬기고자 만든 자기들의 유전이 하나님의 말씀을 폐하는 결과를 빚었느냐 하는 점이다. 이 점을 바로 이해하기 위해서는 본문의 출처가 되고 있는 이사야 29장의 내용을 먼저 알 필요가 있다. 즉 이사야 29장 13절에서 이사야는 '이 백성이 입으로는 나를 존경하나 그 마음은 내게서 멀리 떠났다'고 말씀하는데, 그들이 그럴 수밖에 없었던 원인으로 그들이 '사람의 계명으로 가르침을 받았다'는 점을 지적하고, 또한 '사람의 계명'으로 가르침을 받을 수밖에 없었던 원인을 그 앞에서 설명하고 있다. 이 점이 대단히 중요하다. 즉 이스라엘 백성들이 입술로만의 신앙생활을 할 수밖에 없었던 원인은 '하나님의 말씀'을 '사람의 계명'으로 오해한 데 있었는데, 그 오해의 주인(主因)이 곧 이사야 29장 9절로부터 12절에 나오는 말씀이다.

그러므로 모든 묵시가 너희에게는 봉한 책의 말이라. 그것을 유식한 자에게 주며 이르기를 그대에게 청하노니 이를 읽으라 하면 대답하기를 봉하였으니 못하겠노라 할 것이요 (사 29:11).

결국 유식한 자나 무식한 자나 여호와의 말씀을 펴거나 보거나 할 자가 없다(계5:4)는 데 문제가 있다. 여호와의 말씀이 '무슨 뜻'인지 알아야 그 뜻에 맞는 신앙생활을 할 것 아니겠는가. 그러나 이스라엘 백성들은 여호와의 말씀이 의미하는 뜻을 모른 채 자기들 나름대로 하나님을 섬기고 믿고 사랑했다. 여호와의 말씀의 의미를 모르면 그것을 찾고 구해야 할 것이건만 '모든 묵시가 봉한 책의 말'이라는 이사야의 지적을 무시하고 그 묵시의 말씀을 사람의 계명으로 바꾸어 신앙생활을 한 것이 죄다. 그래서 '부모를 공경하는 것'보다는 '하나님께 예물을 드리는 것'이 우선이라는 유전을 만들어 자식들을 가르치고 유대 사회 공동의 행위규범으로 삼은 것이다. 이것이 잘못이다. 그러면 혹자는 이렇게 반론을 제기할 것이다. '아니, 어떻게 부모를 공경하라는 것이 묵시의 말씀일 수 있는가'라고.

그렇다. 부모를 공경하라는 말씀이 묵시의 말씀일 수 없기 때문에 '사람의 계명'으로 전락한 것이다. 항상 '누구나 아는 말씀'이라고 생각한 곳에 우리의 죄악성이 숨어 있다. 그래서 오늘날도 '부모 공경'이 인간들의 교훈과 계명으로 가르쳐지고 있다. 그러나 사도 바울은 부모를 공경하는 것이 약속 있는 '첫 계명'이라고(엡6:2) 분명히 지적하고 있고, 또한 우리 주님은 그 '첫 계명'을 '네 마음, 뜻, 목숨 다하여 주 너의 하나님을 사랑하는 것'이라고(마22:37-38) 말씀하시지 않았는가. 어찌 예수 그리스도와 사도 바울 사이에 '첫 계명'에 대한 견해 차이가 있을 수 있겠는가.

육신적인 부모 공경이 나쁜 것이 아니라, 문제는 그럼으로써 하나님의 말씀인 부모 공경이 폐하여지기 때문에 악이요 죄다. 성경 말씀을 '가볍게' 대한 자체가 죄다. 그러면 어떻게 할 것인가. 우선 하나님의 말씀이 무슨 뜻인지 알아야 할 것이다. 신앙생활을 하느냐 마느냐의 문제가 아니다. 그리고 기본적으로 성경 말씀이 모두 봉한 책의 말이라는 것을 믿어야 한다. 또한 이 땅의 인간들 중에서는 모든 지혜자의 지혜가 없어지고 명철자의 총명이 가리워졌다(사29:14)는 말씀도 믿어야 한다. 그런 다음에는 어떻게 할 것인가.

그 날에 귀머거리가 책의 말을 들을 것이며 어둡고 캄캄한 데서 소경의 눈이 볼 것이며 겸손한 자가 여호와를 인하여 기쁨이 더하겠고 사람 중 빈핍한 자가 이스라엘의 거룩하신 자를 인하여 즐거워하리니 (사29:18-19).

책의 말을 듣고 볼 때까지 하나님 앞에 모든 신앙의 행위를 중지하고 기다릴 일이다. 신앙의 행위가 중요한 것이 아니다. 무엇이 신앙의 행위인지 아는 것이 급선무다. '그러므로 어리석은 자가 되지 말고 오직 주의 뜻이 무엇인지 이해하라'(엡5:17)는 말씀을 좇아 '술 취하지 말라'(엡5:18)는 말씀의 뜻을 알아야 한다. 오늘날 교회의 가르침대로 소주나 맥주에 취하지 않는 것이 술 취하지 않는 것인 줄 알면, 이것이 곧 사람의 계명으로 교훈을 삼아 하나님을 헛되이 경배하는 것이다. 소주 한 잔 안 마시는 것을 신앙의 행위로 알고 굳세게 신앙생활 하는 동안은 잘 되면 바리새인이요, 못 되면 예수를 향하여 십자가에 못 박으라고 외치는 '데모대'가 될 뿐이다.

'이 책을 펴거나 보거나 하기에 합당한 자가 보이지 않기로 내가 크게 울었더니(계5:4)' 하는 요한의 심정을 생각하자. 그래서 목 놓아 울고 있는 밧모 섬의 요한을 기억하자. 그랬더니 '장로 중에 하나가 내게 말하되 울지 말라 유대지파의 사자 다윗의 뿌리가 이기었으니 이 책과 그 일곱 인(印)을 떼시리라'(계5:5)는 약속을 받은 요한을 바라보자. 그래서 요한계시록 2편을 쓰자는 얘기가 아니라 이미 써 놓은 말씀들이 무엇인지 알자는 말이다. 그래야 본문이 안쓰럽게 지적하고 있는 입술로만 하는 존경이 아닌 마음의 존경이 이루어질 수 있으며 헛된 경배 아닌 참된 경배가 가능하다.

그러므로 성경이 지적하고 있는 '너희'는 곡하고 애통할 수밖에 없는 사람이요, 이 사실을 모르는 '세상'은 자기 식으로 열심히 신앙생활을 함으로 기뻐하는 것이다. 그러나 성경이 무엇

을 말하느뇨. 너희는 근심하겠으나 너희 근심이 도리어 기쁨이
되리라'(요14:20)를 약속하고 있지 않는가.

저희가 평안하다 안전하다 할 그때에… 멸망이 홀연히 저
희에게 이르리니 결단코 피하지 못하리라 (살전5:3). 그러므로
형제들아 예수께서 아직 우리와 함께 있어 우리에게 하신 말
씀을 기억하자 (요14:25). … 보혜사 곧 아버지께서 내 이름으
로 보내실 성령 그가 너희에게 모든 것을 '가르치시고' 내가
너희에게 말한 모든 것을 '생각나게 하시리라' (요14:26).

그래서 그분에게 배우고 그분으로부터 생각나는 삶이 있으신
가. 이것이 신앙이다. 목사들만 이래야 하는 것이 아니요 신학
자들만 이런 신앙생활 하는 것이 아니다. 나를 '믿는 자' 는 나
의 하는 일을 저도 할 것이요 (요14:12).
신앙은 바로 '나의' 삶이어야 한다.

8

몸과 그림자

골2:16-18

그러므로 먹고 마시는 것과
절기나 월삭이나 안식일을 인하여
누구든지 너희를 폄론하지 못하게 하라.
이것들은 장래 일의 그림자이나
몸은 그리스도의 것이니라.
누구든지 일부러 겸손함과
천사 숭배함을 인하여
너희 상을 빼앗지 못하게 하라.

그림자란 무엇인가.

굳이 사전에 있는 단어를 설명할 필요 없이 우리 모두가 다 아는 말이다.

그러면 그림자는 왜 생기는가.

이것 역시 자연과학적 설명을 하려면 꽤 복잡한 어휘의 동원이 있어야 하겠지만, 우리는 그런 과정 없이도 그림자가 생기는 이유를 안다. 간단히 말한다면 빛이 있고 어떤 실체(몸이나 물건이나)가 있기 때문이다.

그러면 우리는 그림자를 통하여 실체를 파악할 수 있는가, 그림자와 실체는 어떠한 상관관계를 갖는가라는 질문을 해 볼 필요가 있다. 왜냐하면 그림자의 속성을 앎으로 해서 그림자를 통하여 실체를 보다 정확하게 알 수 있고, 나아가서는 그림자 신앙생활에서 벗어나 실체적 신앙생활을 누릴 수 있기 때문이다.

그림자는 어디까지나 그림자다. 이 말은 그림자의 모습이 일 그러지거나 희미해지거나 보기 흉해진다고 실체도 꼭 그렇게 된다는 말은 아니라는 뜻이다. 또 하나는 생명이라든지 기쁨, 슬픔 등 추상적인 개념은 그림자로 나타나지 않는다는 점이다. 즉 사람(몸)의 그림자와 마네킹의 그림자는 서로 똑같지만 그림자가 같다고 마네킹도 사람이 갖고 있는 모든 것 — 마음, 생명, 감정 따위 — 을 가지고 있다고 생각한다면 그것은 오해도 이만저만한 오해가 아니다.

이런 것은 삼척동자도 알만한 일이다. 그러나 그럼에도 불구하고 왜 이렇게 장황한 논설을 늘어놓고 있는가. 왜냐하면 너무나 많은 사람들이 그림자를 붙잡고 실체라고 주장하기 때문이다. 마네킹도 가질 수 있는 그런 그림자의 모양이 같다고 '생명'이 있음을 주장하는 근거로 내세우기 때문이다. 또한 목욕을 해서 몸이 깨끗해진 사람은 그림자도 깨끗해진다(?)고 주장하기 때문이다. 육적인 원리는 그렇지 않다는 것을 다 알고 있는데 이러한 것들이 영적으로 적용이 되면, 신앙생활을 일이십 년 이상 하신 분들도 곧잘 혼동하는 모습을 본다. 안타까운 일이다.

본문의 말씀은 이러한 '혼동'에 대한 사도 바울의 안타까움이다. 즉 장래일의 그림자로서 주어진 것들이 바로 먹고 마시는 것과 절기나 월삭이나 안식일 등인데(16절) 사람들이 이러한 문제들로 서로 크리노(κρίνω, 심판, 판단)하고 있는 것을 지적하는 바울의 안타까움이 본문이다.

먹는 것, 마시는 것, 절기나 월삭이나 안식일을 지키는 것들이 어떻게 그림자일 수 있는가. 당시 신앙생활의 근간(根幹)을 형성하던 문제들인데…. 그러나 사도바울은 이것들은 모두 장래일의 그림자라고 선언하고 있다.

즉 아무리 먹을 것 가려 먹고 절기나 안식일 꼬박꼬박 지킨다고 할지라도 그것이 믿음은 아니라는 지적이다. 그러면 이런 것들이 그림자라면, 실체(몸)가 따로 있을 텐데 그 실체는 과연 무엇인가. 우리가 생각해야할 일은 바로 이것이다. 안식일을 잘 지킨다고 '실체로서의 안식'이 나의 것이 될 수는 없기 때문이다. 그림자가 실체를 지탱해주는 것이 아니라 실체가 그림자를 가지는 것이기 때문이다. 내가 '안식'을 소유하고 있다면 나의 모든 날이 '안식일'인 것이지 내가 '안식일'을 수없이 지킨다고 '안식'을 소유하게 되는 것이 아니다. 때문에 '안식일'은 나의 행위로 지켜야 되는 것이 아니라, 안식일이라는 그림자를 통하여 '안식'이라는 실체를 보라고 있는 것이다. 그것이 아직 '나의 것'이 안 된 사람들에겐 그것을 소망하라고 있는 것이 안식일이다.

그러므로 안식일을 지키는 행위를 기준으로 사람을 판단할 문제가 아니다. 또한 이런 기준으로 사람을 판단하게 되면 판단하는 그 사람도 역시 동일한 사람이다 (그 사람이 안식일을 지켰건 아니 지켰건 상관없이).

우리는 아직도 '안식일을 지킨다'는 의미를 율법적인 관점에서(행위로 지킨다는 뜻으로) 이해하고 있는데 전술한 대로 이것이 그림자 신앙이다. 실체적 신앙이란 우리가 달력상의 안식일(그것이 일요일이건 토요일이건 상관없이)에 어떤 행위를 하더라도 그 행위, 그 삶이 곧 안식일을 지킨 삶으로 하나님에 의해서 인정되는 신앙을 말한다. 이래야 믿음이 은혜요 선물이 되는 것이지, 우리가 행위로 지켜서 되는 문제라면 그것이 바로 율법이다. 오늘날이 율법시대인가. 많은 사람들이 입으로는 은혜시대라고 말하지만 몸으로는 율법시대를 살고 있다.

비단 안식일에 국한되는 문제가 아니라 먹고 마시는 모든 문제, 또는 절기나 월삭도 이와 같은 그림자의 위치에 서서 우리 신앙의 방향을 제시하고 있다. 뿐만 아니라 성경은 우리의 인격적, 심성적 기질이나 종교적 경건의 행위들까지 모두 이 그림자의 범주에서 실체에 대한 설명의 도구로 사용하는 것을 볼 수 있다.

본문에 연이은 18절의 말씀은 '누구든지 일부러 겸손함과 천사 숭배함을 인하여 너희 상을 빼앗지 못하게 하라'로 계속되는데, 여기는 번역 상 약간의 문제가 있다. 즉 일부러 겸손함이란 말에 있어서는 '일부러'라는 부사가 없으며 (이것은 이 말을 삽입하지 않으면 뜻이 통하지 않는다고 생각하여 대부분의 성경번역자가 일부러 집어넣은 것임), 상을 빼앗지 못하게 하라는 말은 설명이 좀 필요하다. 이 단어는 카타브라뷰오(καταβραβ-εύω)로서 신약성경과 70인역 구약성경을 통틀어 여기서만 쓰이고 있는데 이 단어는 카타(κατα)라는 전치사와 브라뷰오(βραβεύω, 주장(主掌)하다, 통제하다)라는 동사의 합성어다.

전치사 카타(κατα)가 단어의 접두어가 될 때는 크게 세 가지의 의미로 사용이 되는데, 첫째는 '아래로'의 의미, 둘째는 합성되는 단어의 반대 의미(against), 마지막으로는 따라 오는 동사의 강조 의미가 그것이다. 본문의 카타브라뷰오(καταβραβεύω)를 어떻게 볼 것인가에 논란의 여지가 없지 않겠으나, 개역성경 번

역자는 카타(κατα)를 '반대'의 개념으로, 그리고 브라뷰오
(βραβεύω)는 이 단어의 어근인 브라베이온(βραβεῖον, 賞)의 개
념으로 이해하고, '상을 빼앗지'로 번역하고 있으나, 실상은 번
역자 자신도 브라뷰오(βραβεύω)를 동일한 골로새서 3장 15절,
'그리스도의 평강이 너희를 주장(主掌, 다스림)하게 하라'에서
'주장하다'로 번역하고 있다.

나는 여기서도 이렇게 보아야 한다고 생각한다. 즉 이 단어
는 어근의 개념인 '상(賞)'으로 이해할 일이 아니라 '주장하다,
다스리다'는 개념으로 보아야 하며, 접두어 카타(κατα)는 '주장
하다'를 되풀이 강조하는 의미가 되어야 보다 옳은 해석이 될
것이다.

또한 천사 숭배함이란 말도 문제가 있으나 본론이 아니므로
접어두고, 이상의 문제만 가지고 18절을 다시 번역한다면 '누구
든지 겸손함과 천사 숭배함으로 너희를 완전히 주장하지 못하
게 하라'가 되겠다. 그렇게 되어야 16절부터 시작되는 소절의
의미가 연결된다. 즉 16절에서는 그러므로 먹고 마시는 등등의
일을 가지고 누구든지 너희를 입방아 찧지 못하게 하라는 말씀
이고, 17절은 그 이유로서, 그러한 일들은 그림자이기에 실체가
아니라는 점을 역설하고, 그리스도는 그림자가 아니라 실체라는
점을 부연하고 있다. 그리고 18절의 카타브라뷰오
(καταβραβεύω)가 등장하는데 사실 이 단어는 16절의 크리노
(κρίνω, 폄론, 판단)와 연결해서 생각하면 이해가 쉽다. 즉 우리
가 어떤 사람들에 의해서 판단의 대상이 되면(입방아에 오르내
리게 되면), 그 판단하는 내용이 우리의 마음을 사로잡게 되는

데, 그러한 것들에 사로잡히지 말라는, 마음을 빼앗기지 말라는 말이 곧 너희를 주장하지 못하게 하라로 이어지는 것이다. 다만 16절에서는 그 내용이 먹고 마시는 종류였고, 18절에서는 겸손과 천사 숭배함이 그 내용인 것이다.

그러면 천사 숭배함은 차치하고 왜 겸손함에도 우리의 마음 빼앗기면 아니 되는가. 즉 우리가 '겸손'이라는 덕목을 늘 생각하여 그 겸손이 우리를 주장하는 결과가 일어나는 것은 바람직한 일이지 어째서 그러지 말라고 하는가. 개역성경이 번역하고 있는 대로 '일부러 겸손한척' 하는 것이 우리를 주장한다면 그것은 곤란한 문제겠으나 '진심으로 겸손'이 우리를 주장하는 것은 두 손 들고 환영할 일이지 어디 경계할 일인가. 사실 본문의 번역에 '일부러'를 일부러 삽입한 이유가 여기에 있다. 도무지 이해가 되지 않았기 때문이다. 겸손이란 덕목은 성경이 강조하고 권면하는 모습인데 — 사실 바울도 골로새서 3장 12절에서는 겸손을 옷 입으라고 권하고 있다 — 왜 여기서는 그 겸손에 마음을 두지 말라고 가르치는가. 이 질문의 답을 구할 수 없었기 때문에 번역자들은 본문의 뜻을 보다 잘 이해하도록 하기 위함이라는 미명하에 '일부러'라는 말을 삽입하고 있는데, 사실은 이러한 인간의 도움이 하나님의 도우심을 가로 막는다.

그렇다면 여기서 언급하는 '겸손'은 무엇인가.

한마디로 답한다면 그것은 그림자로서의 겸손이다. 이것은 일부러 겸손한척 하는 것과는 질적으로 다르다. 즉 16절의 안식일이 실체로서의 안식에 대한 그림자로서의 모습인 것처럼, 우리 인간이 가지는 기질로서의 겸손은 실체로서의 겸손에 대한 그림자의 모습으로 존재하는 것이다. 따라서 우리는 우리의 기질적 겸손을 통하여 실체적 겸손을 믿을 문제지, 기질적 겸손을 **훈련하여** 실체적 겸손에 도달할 수 있는 문제가 아니다.

그러므로 인간의 심성적 기질적 겸손을 통하여 실체적 겸손에 이른다는 말도 언어도단이고 마찬가지로 실체적 겸손을 소유한 사람이라면 인간의 기질로서의 겸손도 훌륭하게 된다는 말 역시 주장할 문제는 아니다. 그래서 골로새서 2장 18절의 말씀은 이러한 그림자로서의 겸손, 인간 기질로서의 겸손에 마음을 빼앗기지 말라는 말씀이고, 골로새서 3장 12절의 말씀은 실체로서의 겸손을 '옷 입고'라는 말씀이다. '겸손'은 나와 별개의 존재다. 따라서 이것은 우리 내부의 기질을 갈고 닦을 문제가 아니라 외부로부터 나에게 '덧입혀'져야 할 문제다.

하기 때문에 사도 바울은 어느 누구도 이러한 인간적 겸손의 가면을 쓰고 너희를 주장하지 못하도록 못 박고 있다. 인격적인 겸손에 신경 쓰지 말라는 부탁이다. 그러나 얼마나 많은 사람이 예수 믿으면 겸손해져야 한다고 강조하는가. 또 성령의 열매로서 겸손이 얼마나 강조되어 왔는가. 사실 이런 겸손은 정도의 차이는 있지만 예수를 믿건 석가모니를 믿건 누구나 가지고 있다. 뿐만 아니라 무신론자들도 이런 인간적 겸손의 모습에 있어서는 오히려 기독교신자보다 훌륭하면 훌륭했지 못할 게 없는 삶을 사는 경우도 흔하다. 결코 그들이 마음에도 없이 '일부러 겸손한척' 한다고는 볼 수 없다. 그들도 '진심으로' 겸손한 것이다. 그러면 이러한 겸손도 '성령의 열매'라 할 것인가. 하나님을 믿은 결과라 할 것인가.

이것이 바로 골로새서 2장 8절에서 지적하고 있는 철학에 해당하는 부분이다. 사도바울은 이 그럴듯한 철학에 노략질 당하지 않기를 권고하고 있는데, 오늘날 그런 철학적 겸손으로 사람들을 노략하고 있는 주체가 과연 누구인가.

우리 믿음의 주(主)이신 예수는 겸손하신 분이었던가. 그렇다면 그의 겸손은 무엇인가.

그는 근본 하나님의 본체시나… 자기를 비어 종의 형체를 가져… 죽기까지 복종하셨으니 곧 십자가에 죽으심이라 (빌 2:6-8).

이것이 예수의 겸손이다. 즉 하나님께 대한 겸손이란 말이다. 말을 좀 '겸손스럽게' 함으로써 가지는 겸손이 아니라, 십자가에 죽으심으로 나타나는 겸손이다. 바리새인이나 서기관들에게 '독사의 새끼'라든지 '너희는 너희 아비 마귀에게서 났다'는 말을 했다고 ― 인간적으로 볼 때, 이러한 말은 겸손한 사람이 할 말이 아니나 ― 예수가 겸손하지 않은 사람이라고 누가 비난할 수 있는가. 만일 예수께서 인간의 기질적인 겸손을 최대한으로 활용(?)하셨다면 그는 십자가에 죽지 않았을 수도 있다. 그림자 겸손을 버린 결과가 십자가였고 십자가를 짐으로써 그는 실체적 겸손이 되셨다.

우리는 누구를 믿고 있는가. 인간들 앞에 겸손한 예수를 믿는가 아니면 하나님 앞에 겸손한 예수를 믿는가. 십자가를 지게 된 원인이 유대인의 관점에서 본다면 그의 말의 참람함 때문인가 아니면 겸손함 때문인가. 인간들 앞에서 자신이 하나님의 아들이라고 자신을 '높였기' 때문이다. 우리는 어떤 예수를 믿고 있는가. '다른 예수'(고후11:4)란 다른 것이 아니다. 인간들 앞에 겸손한 예수 — 이것이 한 다른 예수다.

인간들 앞에서 교만하자는 얘기가 아니다. 또 일부러 교만해진다고 예수의 겸손을 가지게 되는 것도 아니다. 다만 그런 것은 예수를 믿음과는 아무런 상관관계가 없다는 말이다.

그러므로 계속되는 골로새서 2장 21절 이하의 말씀은 붙잡지 말아야 될 것, 맛보지 말아야 될 것, 만지지 말아야 될 것을 충실히 지킨다고 신앙생활 하는 것은 아니라는 말씀이다. 왜냐하면 이런 것들은 사람의 명과 가르침이기 때문이다. 마찬가지로 우리가 종교적으로 자의적 경배를 한다거나 겸손한 삶을 산다고 하더라도 그것은 모두 신앙과는 상관없는 남가일몽이요 일장춘몽이라는 말씀이다.

몸은 삶이요, 그림자는 꿈이다.

세상에 있는 날이 다 그림자 같아서 머무름(소망)이 없나이다. 다윗의 탄식이다 (대상29:15).

9

임금과 종의 차이

요6:15

그러므로 예수께서

저희가 와서

자기를 억지로 잡아

임금 삼으려는 줄을 아시고

다시 혼자

산으로 떠나가시니라.

왜 사람들이 사는 세상은 앞뒤가 맞지 않고 겉과 속이 다른 수많은 현상들이 존재하는가. 사기꾼일수록 차림새도 그럴듯하고 말솜씨도 나무랄 데 없는 이유는 무엇 때문인가. 그저 얼굴만 보고도, 한 두어마디 말만 나누어 보고도 그 보이지 않는 내면을 알 수 있는 세상은 영원한 꿈인가.

보이는 것으로 판단하는 세상은 보이지 않는 것을 이단시 한다. 그러므로 속이 비어 있을수록 겉을 가꾸기 좋아하며 그러다 보니 더욱더 속은 비고, 삼라만상을 겉으로만 판단한다. 아무것도 없는 허위의 모습에 학력을 옷 입히고 부와 명예와 온갖 번지르르한 모습을 덧칠한다. 그래서 그것으로 서로를 인정하고 재단하고 정죄하며, 또한 부러워 시기하며 한 덩어리가 되어 세상은 형성되어 왔다.

그러므로 언어는 본래의 고유한 개념을 대표하지 못하고 조작되고 분식(粉飾)된 얼굴을 갖게 된다. 따라서 한 남자가 한 여자를 향하여 '나는 당신을 사랑합니다.' 라고 할 때, 일반적으로 여자는 남자의 말만으로는 그 내용을 온전히 수긍하지 못한다. 그의 손길과 눈빛, 그리고 온몸으로 느끼는 사랑을 감촉해야만 비로소 사랑이 느껴진다. 말만 가지고는 안 되는 이런 부족한 상황이 곧 인간의 타락이다.

국회의원 선거를 위한 유세장에 한두 번 가본 사람치고 그들의 말을 진실로 믿는 사람은 아마 거의 없을 것이다. 왜냐하면 그들의 말이 모두 진실이라면 세상에서 대한민국 같은 천국이 없을 것이기 때문이다. 왜 이렇게 마음에도 없는 내용들이 말이 되어 나올 수 있는가. 마음에 없으면 말로 나올 수 없어야 정상이다 (마12:34~). 그러나 세상은 그렇지 않다. 정상이 비정상이고 비정상이 정상 행세를 한다.

사도 바울의 안타까움도 그런 것이었다. 비진리가 진리로 환영받고 통용되는 세상을 향해

> 속이는 자 같으나 참되고 무명(無名)한 자 같으나 유명한 자요, 죽는 자 같으나 보라 우리가 살고 징계를 받는 자 같으나 죽임을 당하지 아니하고, 근심하는 자 같으나 항상 기뻐하고 가난한 자 같으나 많은 사람을 부요하게 하고 아무것도 없는 자 같으나 모든 것을 가진 자로다 (고후6:8-10).

라고 자평하는 것이 그것이다.

오늘날 우리의 눈으로는 분명 바울은 속이는 자가 아니요 참된 자건만 어찌하여 바울은 자신을 향한 그 당시 사람들의 평

가를 이렇게 적고 있는가. 거짓의 세계에 의해 거짓이라고 비난 받지 않는 진리는 진리가 아니다. 유명하다는 사람들에 의해 비웃음 당하지 않는 유명 역시 참된 유명은 아니다. 사기꾼들에겐 진실한 자들이 늘 눈에 걸리고, 그러므로 다수의 사기꾼들은 소수의 정직한 자를 향하여 오히려 사기꾼이라고 매도한다.

왕과 종은 무엇이 다른가.

예수 그리스도는 우리의 왕인가 아니면 우리의 종인가. 적어도 오늘날 예수를 자신의 종이라고 '말하는' 기독교인은 없다. 그럼에도 불구하고 이런 질문을 하는 뜻은 우리 인간들은 마음에도 없는 말을 곧잘 할 수 있는 능력을 가지고 있기 때문이다. 뿐만 아니라 본질을 덮어버리고 진실을 호도(糊塗)하기에 충분한 능력으로 '예수는 나의 왕' 이라고 계속 말하고 생각하고 믿다 보면 어느덧 스스로도 무엇이 옳고 무엇이 그른지를 분별하지 못하게 된다. 그래서 예수는 우리에게 마음에도 없는 왕이 되어 있다.

요한복음 6장 15절은 '그러므로' 라는 접속사로 문장이 시작된다. 본문은 예수를 추종하는 인간들이 드디어 그를 왕으로 삼자고 추대하는 순간인데, 그들이 예수를 왕으로 삼고자 하는 그 이유를 알기 위해서 이 '그러므로' 를 눈여겨 보아야 한다. 어찌하여 유대인들은 예수를 그들의 왕으로 추대하고자 했던가. 그들은 예수의 지적대로 보리떡 다섯 개와 물고기 두 마리로 오천 명을 먹이고도 열두 광주리나 남긴 그 신통력을 사랑했기 때문이다. 이런 능력이라면 충분히 우리를 저 로마의 압박과 설움으로부터 해방시킬 수 있으리라. 이제부터는 예수만 따라다니면 적어도 굶지는 않으리라. 이런 얄팍한 기대와 군중심리가 한데 어우러져서 유대인들은 드디어 예수를 왕으로 모시고자 한다.

예수에게 있어 일생일대의 실수가 있었다면 유대인들의 이 추대를 거절한 것이다. 왜 그때 왕이 되지 않았을까. 우리들 생각으로는 왕이 되어서 하나님의 말씀을 가르치고 복음을 전파했더라면 훨씬 효과도 좋았을 터고 비극적인 십자가 처형도 면할 수 있었을 텐데 말이다. 세상은 다 그렇고 그런 것을. 적당히 좋은 게 좋다고 눈 좀 감고 유대인들의 임금으로 등극했더라면 얼마나 좋았을 것인가. 고생하며 따라다니던 제자들에게 정부의 요직을 나누어 줄 수 있었을 것이며, 그런 자질구레한 문제는 차치하고라도 무엇보다 얼마나 쉽게 천국 복음이 전파 되었을 것인가. 어차피 얼마 지나지 않아서 기독교는 로마 황제 콘스탄티누스에 의해 국교로 공인되지 않았는가. 300년 더 기다릴 것 없이 오늘은 그 능력으로 유대인들의 왕이 되고, 내일은 열두 영 더되는 천군을 동원하여 로마의 황제가 되고 나아가 천하를 평정하여 의(義)와 평화, 사랑과 용서가 차고 넘치는 아름다운 하나님의 나라를 만들었더라면 얼마나 좋았을 것인가. 아무리 역사에 있어 가정(假定)은 무의미한 것이라고는 하지마는 예수가 이때 유대인들의 추대를 뿌리치고 산으로의 잠행을 떠난 것은 비난받아 마땅하다고 하겠다.

뿐만 아니라 예수는 유대인들이 자신의 왕 됨을 원치 않았다고 말하며 그 원수들을 끌어다가 자신 앞에서 죽일 것을 명하고 있다 (눅19:27). 유대인들로서는 억울하기 짝이 없는 일이다.

비록 그들이 나중에는 예수를 죽이는 데 앞장서고, '가이사 외에는 우리에게 왕이 없나이다'(요19:15)라고 외치긴 하지만, 그것은 어디까지나 예수를 그들의 왕으로 모시고자 했던 충정에 대한 반동으로 나타난 현상이었지, 처음부터 예수를 왕으로 원치 않은 것은 아니었다.

예수보다는 오히려 유대인들이 훨씬 합리적이고, 그들이 취한 행동에 '이유 있다'고 할만 하다. 유대인들이 떡을 먹고 배불러서, 그래서 그 떡을 바라고 예수를 왕으로 추대했다고 인정하자. 그러나 그것이 무에 그리 잘못된 것인가. 오늘날의 신자들을 향하여서는 그것보다 더한 축복도 아낌없이 주시면서 육신의 양식을 먹고 배불러 그를 왕으로 모시고자 한다 해서 그렇게까지 고까워 할 필요가 있었을까.

하나님은 공의의 하나님이시다. 하기 때문에 하나님께는 편애가 없으시다. 유대인들을 향하여 얼굴 찡그리시는 그 못마땅함이 오늘날 우리를 향하여서는 없으란 법 없다. 내가 예수를, 하나님을 왕으로 모시겠노라고 아무리 결정하고 믿고 바라더라도, 그것이 본문의 유대인들이 예수를 생각했던 것과 다름없는 것이라면 결과 역시 마찬가지다.

유대인들은 예수를 원한 것이 아니다. '떡'을 원했다. 자신들을 다스리는 왕을 원했던 것이 아니라, '떡'을 만들어 줄 종을 원했다. 그럼에도 불구하고 말로는 왕이 되어 달라고 한다. 이것이 인간만이 가지는 최대의 무기요 특기며 자랑스러움, 곧 이름하여 죄라 한다.

왕은 아무런 조건 없이 왕이어야 한다. 왕은 나를 다스리는 존재지 나의 심부름꾼이 아니다. 조선왕조 시대의 왕과 신하의 관계를 생각해 보자. 사약(賜藥)을 받으면서도 임금님 계신 곳을 향하여 큰 절을 올리지 아니하던가. 왕의 심기는 아랑곳없이 자신의 형편과 처지만 주장하고 있을 때 우리는 그 사람을 어떻게 생각할 것인가.

자문해 보자. 나는 과연 예수를 원하는가 아니면 나의 구원을 원하는가. 이미 예수는 우리에게 구원을 가져다주는 '신통력' 이상도 이하도 아니다. 예수가 없으면 나의 구원이 없기 때문에 (우리에게 필요한 다른 어떤 것들 — 떡이나 물질, 명예, 건강 등은 말할 필요도 없다) 예수를 사랑하지 않는가. 내 속에 예수가 있는가. 예수의 구원, 예수의 능력, 예수의 재물만 우리 속에 가득 있으면서 그것을 '예수' 라고 착각하지 않는가.

그래서 예수는 우리의 왕이 되지 않는다. 아니, 우리의 왕이 되실 수가 없다. 인간들은 자신을 다스릴 왕을 원치 않는다. 왜냐하면 스스로 왕이기 때문이다. 그러므로 왕은 종만 있으면 된다.

종이 될 수 없어 혼자 산으로 떠나가시는 예수를 상상해 보자. 마음으로는 예수를 쫓아내면서 말로는 예수가 숨은 곳을 찾아나서는, 참으로 설명하기 불가능한 존재가 인간이다. 온 우주의 삼라만상은 외치는 말이 없어도, 찾아나서는 하나님은 없을지라도, 그들은 하나님 안에서 산다. 해가 달의 길을 시기하여 그리로 달려가지도 않고, 개나리가 진달래 못 되어 한탄하는 일도 없다. 그럼에도 불구하고 인간들은 스스로를 만물의 영장이라고 생각한다. 착각은 그것이 깨어질 때의 아픔만 없으면 얼마나 아름다운 행복인가!

　예수를 왕의 자리로 보내자. 빼앗긴 그의 왕권을 돌려드리자. 이것은 결코 한마디의 구호일 수 없다. 우리의 삶이어야 한다. 그리고 그의 용서를 구하지 말고 그의 사약(賜藥)을 바라자. 그 길만이 우리의 죗값을 치르는 길이요, 아울러 그 길만이 우리의 삶의 길이다. 설령 다시 살지 못한다고 하더라도 그것은 그리 큰 문제가 아니다. 왕으로 모신 줄 알았는데 종으로 부려 먹고 있었다는 그 한 가지 사실만으로도 우리는 죽어 마땅하니까.

10

예수의 눈물

요11:1-44

예수께서 그의 우는 것과
또 함께 온 유대인들의 우는 것을 보시고,
심령에 통분히 여기시고
민망히 여기사 가라사대
그를 어디 두었느냐.
가로되 주여 와서 보옵소서 하니
예수께서 눈물을 흘리시더라.

예수의 눈물!

신파극 초창기의 삼류 극을 연상시키는 제목이다. 그러나 결코 생존경쟁에 메마른 현대인들의 눈물샘을 자극하고자 내건 제목만은 아니다. 다만 이처럼 전무후무한 부흥을 구가하는 오늘 이 땅의 기독교를 향해 웃으실 수도 없고 기뻐하실 수도 없는 상태로 눈물을 뿌리고 계시는 바로 지금 예수의 초상이기 때문에, 있는 그대로의 모습으로 이 글의 제목이 된 것이다.

소위 고린도전서 15장과 함께 성경의 대표적인 '부활 장'으로 일컬어지는 본문인 요한복음 11장. 본문에서 예수는 나사로를 무덤에서 일으켜 세우신다. 참으로 신나는, 당신이 하나님의 아들이심을 유감없이 나타내신 '죽은 자의 부활' 앞에서 예수는 왜 눈물을 뿌려야만 했을까.

충심으로 당신을 따르는 제자들도 있었고 (16절의 도마의 고백 ─ 우리도 주와 함께 죽으러 가자), 참으로 당신을 사랑해서 향유를 당신께 붓고 머리털로 그 발을 씻기던 마리아도 있었고 (2절), 주는 그리스도시요 세상에 오시는 하나님의 아들이신 줄 확신하며 고백하는 자랑스러운 마르다도 있었는데(27절), 어찌 하여 당신은 그들을 향하여 눈물밖에 내어 보일 수 없으셨는 가. 순교를 각오하고 따르는 저 믿음들, 내게 있는 모든 재물을 쏟아 붓는 저 아름다운 신앙의 행위들, 뿐만 아니라 하늘에 계 신 아버지의 계시가 아니면 절대로 알 수 없는(마16:17) 멋진 신 앙고백 앞에 예수는 왜, 어찌하여 청승스러운 울음을 울고 계셨 는가.

예수의 눈물이 그를 믿지 않는 유대인들을 향한 것이었다고 미리 단정하지 마시길 바란다. 예수의 눈물은 본문에 등장하는 모든 '믿음의 사람들'을 향한 것이다. 스스로 믿는다고 생각하 는 그들의 철저한 믿음을 향한 눈물이다. '주께서 여기 계셨더 라면 내 오라비가 죽지 아니 하였겠나이다' 하는 입으로 '마지 막 날 부활에는 다시 살 줄을 내가 아나이다'를 외치는 가증스 러운 입을 향한 눈물이다. 야고보사도의 '한 입으로 찬송과 저 주가 나는도다. 내 형제들아 이것이 마땅치 아니하니라. 샘이 한 구멍으로 어찌 단 물과 쓴 물을 내겠느뇨'(약3:10-11)라는 지적대로, 그럴 수 없기 때문에 흘리는 눈물이다.

일반적으로 사람들이 예수를 믿고 하나님을 섬긴다고 하는 말을 할 때 그것은 세상에서 '자기 식으로' 살다가 이제는 자기 삶의 방식이 '예수 식으로' 바뀌었다는 것을 의미한다. 그렇다. 옳다. 그러나 거기에 문제가 있다. 문제는 그것이 삶이 아니라 말이요, 생화(生花)가 아니라 조화(造花)라는 점이다.

본문에 등장하는 모든 인물들은 비록 그들이 예수를 믿고 따르며, 마지막 날 부활에는 다시 살 줄도 알았지마는 예수의 지적은 그것이 그들의 삶이 아니라 말이라는 점이다. '자기 식'으로 세상을 살다가 '자기 식'으로 예수를 믿는 것만 달라졌지 정작 바뀌고 없어져야 할 '자기 식'은 여전히 살아있음을 지적한 것이다.

이러한 '자기'에 예수가 연결되어 있고, 교회가, 하나님이, 믿음이 결부되어 있다고 스스로 하나님을 믿는 줄 생각하는 사람들을 향하여 오늘 예수는 눈물을 뿌리고 있다. 믿음이라는 말은, 그동안 누누이 강조해 왔지만 '자기'가 아니라 '예수'라는 말이다.

그러면 본문에서 이러한 '자기'가 어떻게 투영되어 있는지 생각해 보자.

21절: 마르다가 예수께 여짜오되 '주께서 여기 계셨더라면 내 오라비가 죽지 아니 하였겠나이다'

32절에서는 마리아도 동일한 고백을 한다. 우리 같으면 어떻게 말했을까. 자기 오라비가 병들어 누워 있는데 사람을 보내어 제발 와 주십사고 부탁했던 그 예수를, 오라비는 죽어 이미 무덤에 묻힌 다음에 만났다면 과연 무엇이라고 했겠는가. 아니 그동안 자신들(마리아나 마르다)이 예수께 쏟았던 사랑이나 정성을 생각한다면 과연 그 예수를 동리 밖까지 나가서 맞기나 했을까.

많은 사람들이 '자기의 문제들'을 가지고 하나님께 선(線)을 대는 — 소위 기도하는 — 모습을 자주 본다. 나사로가 병든 것은 분명히 마리아나 마르다에게 하나의 커다란 문제였다. 그러나 예수는 그러한 문제를 접하고도 계시던 곳에 이틀을 계속(즉 나사로가 죽을 때까지) 유하신다(6절). 이런 예수를 만나서 처음 나온 말이 '주께서 여기 계셨더라면…'인데, 이 정도면 얼마나 감정을 자제하고 자기를 억제하고 하는 말인가.

믿음은 감정의 자제나 자기의 억제가 아니다. 오히려 이 장면에서는 예수께 대드는 것이 훨씬 더 인간적이다. 마르다나 마리아가 이렇게 직설적이지 못한 이유는 그동안 쌓아왔던 예수와의 인간적인 관계나 얄미우면서도 그럴 수 없는 끈적끈적한 정 때문이다. 그러면 이러한 자기 억제 속에는 하나님을 향한 원망이 들어있지 않느냐 하면 그렇지 않다. 오히려 더 지독한 원망이 들어 있다. 다만 그러한 원망이 분칠을 하고 덧입혀져서 나타났기 때문에 그 속을 모르면 오히려 아름답게 보일 수도 있다. 마치 욥이 자기에게 임한 그 모든 환란을 인하여 하나님께 원망하지 않고(욥1:22), 그 후에 자기의 생일을 저주하는 것(욥3:1)과 같다. 일반적으로 욥을 인내의 사람으로 이해하고 있지만, 실상은 욥기의 대부분이 하나님을 향한 원망과 아우성의 발언이라는 것을 이해하지 못하면 우리는 여전히 '자기 식'으로 하나님을 믿는 사람이다.

얼핏 보면 하나님을 원망하는 것과 자기 생일을 저주하는 것은 별개의 문제로 보기 쉽지만, 그렇지 않다. 그것은 욥이 하나님을 믿는, 즉 하나님이 자기를 지으셨다는 것을 믿는 사람이라는 점 때문에 그렇다. 하나님과 자기 사이에 자기의 생일이 끼어 있는 점을 욥은 십분 활용했던 것이다. 마치 동(東)을 치고자 하면서 서(西)에다 대고 아우성치는 것과 같다고 하겠다.

마찬가지로 마르다나 마리아도 예수 그리스도 그 자체가 목적이요 의미인 삶을 산 것이 아니라, 그 예수로 말미암아 내게 주어지는 어떠한 유익 ― 여기서는 나사로의 병 고침 ― 이 목적이 된, 그래서 예수 그리스도는 그 유익을 위한 수단으로 전락한 삶을 살았던 것이다. 그러한 그들의 삶에 인간적인 겸손과 체면 등이 겹쳐서 자기들의 유익에 도움이 되지 못했던 예수에 대하여 맞대놓고 비난은 못하고 벙어리 냉가슴 앓다 못해 내놓은 고백이 '주께서 여기 계셨더라면…'이다.

이것이 '자기 식'이다. 때문에 부활도 예수 식 부활이 아니라 자기 식 부활이다. 자기 식 부활은 24절의 마지막 날 부활에는 다시 살 줄을 아는 것이요, 예수 식 부활은 25절의 '내가 곧 부활이요 생명이니'의 부활이다. 이러한 마지막 날 부활에 다시 살 줄을 믿는 믿음은 언제나 오늘의 부활을 놓칠 수밖에 없다. 오늘의 부활이 아니라는 말은, 믿음이 삶이 아니라 관념이요 말이라는 뜻이다. 마지막 날 부활을 철저히 믿었기 때문에, 지금 다시 살 수 있다는 말은 믿을 수 없고, 그것이 원인이 되어 예수를 대적하는 불행을 자초하게 된다. 39절의 말씀이 그 점을 지적하고 있다.

'예수께서 가라사대 돌을 옮겨 놓으라 하시니 그 죽은 자의 누이 마르다가 가로되 주여 죽은 지가 나흘이 되었으매 벌써

냄새가 나나이다.'

차라리 마르다가 '주는 그리스도시요 세상에 오시는 하나님의 아들이시다'는 고백을 하지 않았더라면 그럴 수도 있겠거니 하고 넘어 가겠지만, 이렇게 이율배반적인 이야기를 거침없이 하고 있는 마르다를 향하여 어찌 눈물을 흘리지 않을 수 있겠는가. 부활이라는 것을, 미래의 어떤 시점에 일어날 역사적 사건으로 생각하면서, 동시에 예수는 부활이요 생명이라는 사실을 믿는다고 외치는 오늘날 이 땅의 기독교인들을 향하여 예수가 어떻게 울지 않을 수 있겠는가.

예수의 눈물은, 삶이 되고 생명이 되어야 할 믿음이 말로만 끝나고 관념으로만 제쳐놓은 이 땅의 모든 '신자'들을 향한 절규요 통곡이다. 인간성은 죽고 신의 성품(벧후1:4)에 참여하는 자를 만드시겠다는 당신의 뜻에 반(反)하여, 더럽고 추한 나의 이 인간성을 개조해 나가야 한다는 모든 인본주의적 예수와, 믿음이라는 미명하에 열심과 충성의 행위를 걸쳐놓은 모든 율법적 예수, 그리고 세기말적인 윤리 도덕의 타락 현상을 성경을 빌어 질타하고 있는 모든 윤리, 도덕적인 예수를 향한 통분과 아픔의 눈물이다.

이 땅위에서 그리스도를 믿는 형제자매 여러분!

사도신경을 믿고 고백하는 그것이 믿음인 줄 착각하지 마시길 바란다. 그것은 삶이 안 되면서도 얼마든지 할 수 있는 일이기 때문이다. 뿐만 아니라 집을 바치고 시간을 바치고 나의 모든 것을 드리는 신앙의 행위를 했다고 그것이 삶인 줄 꿈에도 생각하지 마시기 바란다. 삶이란 삶에 대한 의식(意識)이 없는 경우의 삶을 지칭하는 말이다. 숨을 쉬는 것, 잠을 자는 것, 세수를 하고 밥을 먹는 것, 화장실에 가는 것 등이 우리의 삶이다. 신앙이 삶이어야 한다는 것은 바로 이런 것들 중의 하나가 믿음이어야 하고 예수 그리스도여야 한다는 말이다.

'주께서 여기 계셨더라면' 하는 말 속에 이미 그들의 주는 그들의 삶이 아니었다는 고백이 들어 있다. 그러나 그럼에도 불구하고 자기들은 주님 편이고 (비록 오라비의 사건으로 조금 서운하기는 하지만) 여전히 하나님을 믿는 사람들이라는 생각을 갖고 있는 인간들을 향한 그리스도의 아픔이 바로 오늘 주제인 당신의 눈물이다.

우리가 구원을 받는다는 것은 나라는 생명적 개체가 멸망으로 가지 않고 영생불멸 한다는 것을 의미하지 않는다. 구원이신 예수 그리스도를 소유한다는 말이고 그를 소유하는 자는 그의 마음을 갖는 것이다(고전2:16). 즉 구원 받았다는 말은 본문의 예수 그리스도와 같은 마음을 소유하여 그 마음으로부터 나오는 아픔과 사랑과 애통의 눈물이 흐르는 삶을 산다는 말이다.

그렇지 않다면 우리는 아직도 예수께서 향하여 울고 계시는 그 대상에 불과하다. 그러면서 그 울음의 의미가 무엇인지도 모르고 역시 '자기 식'으로 해석하여 '보라 그를 어떻게 사랑하였는가'(36절) 하고 있는 유대인들에 불과하다. 아니, 여기서 한술 더 떠서 '구원 받은 사람이 얼굴에 기쁨이 없고 어찌 저런 눈물이…'를 외치는 어리석음만 없어도 다행으로 여겨야 할지 모르겠다.

예수의 울음을 울고 있는가? 나는 더 드릴 말씀이 없다.

마리아의 울음을 울고 있는가(33절)? 나사로의 죽음을 슬퍼할 일이 아니라, 자신의 살아있음을, 신앙이 삶이 아니라 말로만 그치고 있음에 슬퍼해야 한다. 예수의 십자가를 뒤따라가며 예수의 억울한 죽음을 슬퍼하기 전에 먼저 '너희와 너희 자녀를 위하여 울라'(눅23:28)는 말씀에 귀를 기울여야 한다.

예수를 믿어 이제 웃고 계시는가? 구원받은 감격에 충성하고 계시는가? 예수께서 당신 때문에 울고 계신다. 슬퍼하며 울고, 웃음을 애통으로, 즐거움을 근심으로 바꾸라(약4:9-). 왜냐하면 웃음과 즐거움, 곧 그것이 덫이요 함정이기 때문이다(롬11:8-10).

아직 예수를 안 믿는가? 못 믿겠는가? 솔직한 고백이다. 그냥 살라. 항상 배우나 마침내 진리의 지식에 이르지 못할 바에야(딤후3:7) 시작도 하지 않는 것이 낫다. 보지 못한 부활을 믿기보다는 보이는 오늘이 더 중요한 것이 현실이다. 믿는다는 이름만 걸어놓고, 살기는 여전히 '자기'가 살 바에야 솔직하게 못 믿겠다고 고백하고 '자기 식'으로 사는 것이 훨씬 더 인간적이다. 그런 면에서 나는 '하나님을 믿느니 차라리 내 주먹을 믿으라'는 사람을 존경한다. 왜냐하면 적어도 예수로 하여금 눈물 흘리게 하는 아픔의 대상은 아니기 때문이다.

11

믿음을 더하소서

눅17:5-6

사도들이 주께 여짜오되

우리에게 믿음을 더하소서 하니,

주께서 가라사대

너희에게 겨자씨 한 알만한

믿음이 있었더면

이 뽕나무더러

뿌리가 뽑혀 바다에 심기우라 하였을 것이요,

그것이 너희에게 순종하였으리라.

성경을 우리가 대하다 보면 늘 느끼는 것이지만, 본문도 사도들의 말과 예수의 말씀 사이에 커다란 구렁(눅16:26)이 끼어 있다는 것을 잘 알 수 있다. 그러나 구체적으로 그 구렁이 무엇인지는 잘 감각되지 않는다. 과연 아브라함 쪽에서 부자 쪽으로 건너가고자 하되 할 수 없고, 그 반대로 저쪽에서 이쪽으로 올 수도 없는 구렁이란 무엇인가. 실제적으로 죽어서 영적인 상태가 된 존재들 사이에 오지도 가지도 못하는 구렁이란 것이 있을 수 있을까.

아브라함과 부자의 대화를 좀 더 생각해 보기로 하자.

부자: 아버지 아브라함이여, 나를 긍휼히 여기사 나사로를 보내어 그 손가락 끝에 물을 찍어 내 혀를 서늘하게 하소서. 내가 이 불꽃 가운데서 고민하나이다.

아브라함: 얘, 너는 살았을 때에 네 좋은 것을 받았고, 나

사로는 고난을 받았으니 이것을 기억하라. 이제 저는 여기서 위로를 받고 너는 고민을 받느니라. 이뿐 아니라 너희와 우리 사이에 큰 구렁이 끼어 있어 여기서 너희에게 건너가고자 하되 할 수 없고 거기서 우리에게 건너 올 수도 없게 하였느니라.

부자: 그러면 구하노니 아버지여, 나사로를 내 아버지 집에 보내소서. 내 형제 다섯이 있으니 저희에게 증거하게 하여 저희로 이 고통 받는 곳에 오지 않게 하소서.

아브라함: 저희에게는 모세와 선지자들이 있으니 그들에게 들을지니라.

부자: 그렇지 아니하니이다. 아버지 아브라함이여 만일 죽은 자에게서 저희에게 가는 자가 있으면 회개하리이다.

아브라함: 모세와 선지자들에게서 듣지 아니하면 비록 죽은 자 가운데서 살아나는 자가 있을지라도 권함을 받지 아니하리라.

부자와 아브라함이 장소적으로 멀리 떨어져서 이런 대화를 했겠는가. 어떻게 보면 아브라함과 부자는 상당히 우호적인 분위기 가운데 자연스럽게 대화를 나누고 있다는 것이 느껴지지 않는가. 그렇다면 부자와 아브라함 사이에 있었던 오갈 수 없는 구렁은 과연 무엇인가.

대화를, 한 번은 부자 입장이 되어서, 그리고 또 한 번은 아브라함의 입장이 되어서 다시 한 번 음미해 보자. 분명히 두 존재 사이에는 건너지 못할 구렁이 있다. 이 구렁을 느껴야 한다.

배워서 아는 구렁은 '아, 그런 것이구나'지 실제로 부자와 아브라함 사이에 있는 구렁을 공감한 것은 아니다.

그래도 단답을 구하는 사람들을 위하여 아브라함과 부자의 대화를 한 부분만 지적한다면

부자: 만일 죽은 자에게서 저희에게 가는 자가 있으면…

아브라함: 비록 죽은 자 가운데서 살아나는 자가 있을지라도…

이런 것들이 부자와 아브라함 사이의 커다란 구렁이고, 또한 우리와 성경 사이의 구렁이기도 하다. 부자에게도 자기 형제를 향한 사랑이 있었다. 비록 자기는 세상을 잘못 살아서 음부의 고통을 당하면서 살 수밖에 없다고 하더라도, 자기 형제들만은 그러지 않기를 바라는 마음이 분명히 있었다. 어찌 이런 마음을 나쁘다거나 잘못되었다고 할 수 있겠는가. 그래서 그의 형제를 위한 애틋한 사랑이 그로 하여금 아브라함에게 매달리게 하는데 우리가 이미 본 대로 아브라함은 거두절미 한다. 너무 쌀쌀하다고 생각되지 않는가.

동일한 문제에 대하여 독자 여러분들의 생각은 어떠한가.

죽은 자가 살아나서 낙원과 음부를 증거하고, 고통 받는 음부에서 살지 않기 위해서 살아 있을 때 어떻게 살아야 한다는 것을 가르치면, 사람들이 하나님께로 돌아오는 데 효과가 있다고 생각하는가, 아니면 성경에서 음부와 낙원을 발견하지 못하면 비록 죽은 자가 살아나서 천국과 지옥을 증거한다 해도 사

람들로 하여금 하나님께 돌아오게 하는 데는 아무런 도움도 줄 수 없다고 생각하는가.

분명히 전자와 후자의 생각과 삶 속에는 건널 수 없는 구렁이 있다. 성경은 전자의 생각을 음부에서 고통당하는 부자의 생각이라 규정하고, 후자의 생각을 낙원에 있는 아브라함의 생각이라고 못 박고 있다. 문제는 간단하다. 나의 생각이 부자의 생각과 같으면 나의 삶이 부자의 현재 상태와 같다는 증거고, 역시 반대로 아브라함의 생각과 같으면 아브라함의 삶을 산다는 말이다. 괜히 아브라함 편에 속하고 싶어서 아브라함의 생각을 펀드는 것이어서는 곤란하다. 실제로 그 생각이 나의 영과 혼과 몸에 이루어져서 그렇게 살 수 있고, 또 그렇게 사는 사람이라야 한다.

이와 같은 분위기에서 누가복음 16장이 끝나고 17장이 이어지는데, 그러므로 17장은 '실족케 하는 것들'이 없을 수 없다는 말씀으로 시작되고 있다. 부자에게 있어서 실족케 하는 것은 무엇이었는가. 물론 여러 가지가 있었겠지만, '죽은 자에게서 살아나는 자가 있으면' 하는 그의 생각이 그의 삶을 실족케 했다고 말한다면 지나친 판단일까.

17장 본문의 사도들과 예수의 대화도 전기했듯이 그들 사이에 구렁이 끼어 있었으며, 이러한 건너지 못할 구렁을 인간적으로 건너보려고 시도할 때 필연적으로 발생하는 것이 곧 실족이다.

먼저 사도들의 입장에서 사도들의 고백을 음미해 보자.

사도들: 우리에게 믿음을 더하소서.

참으로 멋있는 신앙인의 자세로 여겨지지 않는가. 사도들이면서도 늘 믿음이 부족하다는 자세로 주님께 믿음을 더해 달라고 부탁하는 모습이 너무 아름답지 않느냐 하는 것이다. 그래서 오늘을 사는 우리도 이런 자세로 하나님 앞에 나아가 우리의 '부족한' 믿음을 더해 달라고 간구하지 않는가. 그것도 물질이나 명예, 권세를 갖기 위한 믿음이 아니라, 참으로 하나님의 나라가 이 땅에 임하게 하는 데 하나의 일꾼으로서 맡은 바 일을 충성스럽게 하기 위하여 필요한 믿음을 더 달라는 기도를 하고 있지 않느냐 하는 것이다. 틀림없이 사도들은 그러한 마음으로 '우리에게 믿음을 더하소서' 했을 것이다. 여기에 무슨 잘못이나 흠결이 있을 수 있겠는가.

그러면 이제 주님의 입장과 말씀을 음미해 보자.

주님: 너희에게 겨자씨 한 알만한 믿음이 있었더라면 이 뽕나무더러 뿌리가 뽑혀 바다에 심기라 하였을 것이요 그것이 너희에게 순종하였으리라.

이 말씀에서 부자와 아브라함 사이에 있었던 그런 동문(東問)의 서답(西答) 같은 간격이 느껴지지 않는가. 주님의 첫 번째 나온 말씀은 '너희에게 겨자씨 한 알만한 믿음이 있었더라면'이다. 원문을 문자 그대로 직역한다면 '만일 너희들이 겨자씨 한 알만한 믿음을 가지고 있다면(Εἰ εἴχετε πίστιν, ὡς κόκκον σινάπεως)'이다.

　　'만일 너희가 겨자씨 한 알만한 믿음을 가지고 있다면…'

　무슨 말씀인가. 지금 믿음을 더해달라는 사도들에게 겨자씨 한 알만한 믿음이 있다는 말씀인가. 아니면 그만한 믿음도 아예 없다는 말씀인가. 구태여 겨자씨가 어떤 씨인가를 설명할 필요가 없겠지만, 의미를 확실히 하기 위해 부연한다면 예수의 표현대로 이것은 모든 씨보다 작은 것(마13:32), 즉 이것보다 더 작은 씨는 없다는 말이다. 그러므로 '겨자씨만한 믿음'은 '가장 작은' 믿음을 표현했다고 할 수 있겠는데, 그런 믿음이라도 가지고 있다면 뽕나무더러 뽑혀서 바다에 심기라 하면 그대로 순종하였으리라는 주님의 말씀으로 미루어 보건대, 과연 사도들은 믿음이 있는 사람들이었을까. 아니면 아예 믿음의 미음도 없는 사람들이었을까.

　따라서 독자 여러분, 자기에게 믿음이 있는지 없는지를 알고 싶으면 산에 있는 뽕나무에게 가서 뽑혀 바다에 심기라고 해 보라. 그 말에 뽕나무가 순종하는 사람은 믿음이 — 그것도 겨자씨 한 알만한 — 있는 사람이요, 그렇지 않다면 괜히 자기가 믿음이 있는 사람이라고 착각하고 있는 줄도 모르지 않겠는가.

　그러면 이런 반론을 할 것이다. '그 말씀은 그렇게 육적(肉的)으로 해석할 성질의 말씀이 아니라 영적으로 풀어야 한다'고 말이다. 그렇다. 그렇다고 인정하겠다. 그러나 지금 본문의 사도들과 주님의 대화 사이에 있어서는 사도들에게 믿음이 있었다고 볼 수 있겠는가.

　사도들: 우리에게는 믿음이 두 개밖에 없다 일곱 개쯤 더
달라.

　주님: 너희에게는 믿음이 한 개도 없다. 믿음이 한 개만 있
었더라도 그런 소리는 하지 않았을 것이다.

　이렇게 생각한다면 지나친 억측이 될까?

　사도들이 자기들 속에 믿음이 없다는 사실을 알았더라면 '믿
음을 더하소서' 하지 말고 '믿음을 허락하소서'라고 해야 옳았
을 것이다. 따라서 '믿음을 더하소서' 한 것을 보면 믿음이 어느
정도는 있다는 생각이었겠고, 또한 이 말을 받은 주님이 과연
사도들 속에 믿음이 어느 정도 있다고 생각했다면 '내 은혜가
네게 족하다'(고후12:9)라든지 아니면 '내가 믿음을 더 허락할
터이니 하나님의 일을 위해 전심전력하도록 하라'는 등의 말씀
을 하셨을 터인데 그러지 아니하고 오히려 '만일 너희에게 겨
자씨 한 알만한 믿음이라도 있다면' 하신 것을 보면 사도들의
부탁 자체가 정신 나간(눅9:55.난하주) 소리임을 알 수 있다.

　그렇다면 어찌하여 이런 일이 벌어지게 되었는가? 왜 사도들
이나 주님이 사용한 단어는 똑같은 믿음(πίστις,피스티스)인데
내용은 그야말로 하늘과 땅 차이였는가. 믿음이라는 단어를 쪼
개고 갈라서 연구하고 공부한다고 알 수 있는 문제가 아니다.
문제는 여기서도 삶이다. 주님의 삶을 사느냐 본문의 사도들
삶을 사느냐의 문제다. 주님의 삶은 곧 하늘의 삶이요, 하늘의

생각이요, 하늘의 내용이다. 이러한 하늘의 생각은 늘 사도들 같은 땅의 생각과는 동문서답이고, 동상이몽(同床異夢)일 수밖에 없다. 이 동상이몽이 곧 부자와 아브라함 사이의 대화에서도 잘 나타나 있지 않는가. 이것이 곧 건널 수 없는 구렁이요, 이 건널 수 없는 구렁을 인간이 스스로의 힘으로 건너보려고 하면 반드시 실족하게 된다.

우리는 어떻게 말하고 있는가. 믿음을 더 달라고 기도하고 있는가, 아니면 믿음이 없다고 통회자복하고(눅18:13) 있는가. 믿음이라는 것을, 부족할 수도 있고 충만할 수도 있는 양적(量的)인 것으로 생각하고 있는가, 아니면 작은 것이지만 그 속에 씨와 그 씨를 자라게 할 모든 것을 포함하고 있는 겨자씨 같은 '존재'로 생각하고 있는가. '우리에게 믿음을 더하소서'라는 말은 믿음을 양적인 것으로 생각한 그 생각의 결과다.

마치 누가복음 16장의 부자가, 죽은 자가 살아서 자기 형제들에게 가서 낙원과 음부를 증거하면 그들이 회개할 것이라고 생각했던 것처럼(이것이 자기 생각이다), 그래서 육신이 살았을 때나 죽어 음부에 갔을 때나 그 생각이 변함없었던 것처럼, 굳세게 자기 생각을 주장하는 그 생각의 결과다. 그러나 그럼에도 불구하고 우리에게 소망과 기쁨이 있는 것은 이러한 사도들을 변화시킨 하나님의 능력을 믿기 때문이다. 사도들이 본문의 시점에서 삶이 끝났다면 참으로 서글픈 일이겠지만, 이러한 사도들로 하여금 신약성경을 기록하고 사도행전적 삶을 살게 하신 이는 하나님이기 때문에 우리에게도 동일한 삶을 앞에 두고 낙망치 않을 소망이 있는 것이다.

그렇지만, 이것만은 분명히 알자. '믿음을 더하소서'라는 고백은 믿음 있는 자의 삶이 아니라는 것과 이러한 고백이 곧 그리스도와의 구렁이며 그것이 실족이라는 것을….

12

받들지 않는 자

눅18:15-17

예수께서 그 어린아이들을 불러
가까이 하시고 이르시되
어린아이들이 내게 오는 것을
용납하고 금하지 말라.
하나님의 나라가 이런 자의 것이니라.
내가 진실로 너희에게 이르노니
누구든지 하나님의 나라를
어린아이와 같이 받들지 않는 자는
결단코 들어가지 못하리라.

본문은 사람들이 예수의 만져주심을 바라고 자기 어린아이들을 예수께 데리고 왔을 때 제자들이 보고 꾸짖는 것을 보신 예수께서 하신 말씀이다. 즉 하나님의 나라는 이런 어린아이들의 것이며 또한 누구든지 이런 어린아이들 같이 하나님의 나라를 받들지 않으면 결단코 그 나라에 들어갈 수 없다는 말씀인데 문제는 어린아이가 어떻게 하나님의 나라를 '받들 수' 있느냐 하는 점이다.

물론 이 어린아이가 자라서 소위 철이 들면, 하나님의 나라를 받들 수 있을지 모르겠지만 예수의 말씀은 '어린아이 같이 받들지 아니하면'이므로 어린아이 상태에서도 충분히 받들 수 있다는 말씀이 되겠는데, 독자들께서는 이 문제를 어떻게 생각하는가? '받든다'는 말에는 섬기고 모시고, 위하여 삶을 바치는 자기희생과 충성 봉사의 개념이 다분히 들어 있다. 그러나 사실 어린아이들은 이러한 '받든다'는 말의 개념조차 쉽게 이해할 수 없다. 오히려 부모가 어린아이들을 받들어 모시고 산다고 하는 말이 더 맞다 하겠다.

이럼에도 불구하고 우리 주 예수께서 '어린아이 같이 받들지 아니하면 결단코 하나님 나라에 들어갈 수 없다'고 말씀하신 뜻은 어디에 있겠는가.

이런 고민과 갈등이 있어야 한다. 성경 말씀은 우리에게 그저 풀어지지 않는다. 도대체 앞뒤가 맞지 않는 말씀들을 '주 예수께서 하신 말씀이니까' 하고 감격해서 지나치면 이는 진리를 찾는 자의 자세라고 할 수 없다. 분명히 어린아이는 '받든다'는 개념조차 제대로 갖추지 못한 존재다.

이런 고민과 갈등, 그리고 주님의 말씀이 의미하는 바를 깨달아 알고자 하는 애틋한 사랑이 우리로 하여금 헬라어도 히브리어도 뛰어넘게 한다.

원문을 보자. 원문에는 '받들다'라는 말이 스트롱 번호 1209번의 데코마이(δέχομαι)라는 것을 알 수 있다. 먼저 헬라어 사전이 언급하는 이 단어의 의미를 적어보면 다음과 같다.

'문자적으로 혹은 상징적으로 여러 면에서 받다, 영접하다, 취하다' (스트롱 사전, 박형용 역)

'70인 역에서는 주로 히브리어 라카(לָקַח)를 번역한 단어로서, to receive, accept를 말함, 즉 제공된 어떤 것을 수용하거나 취하는 것(of taking or accepting what is offered)을 의미함' (G. Abbott-Smith의 A manual Greek Lexicon)

이 단어 데코마이(δέχομαι)가 쓰인 사용례를 살펴보자. 다른 곳에도 많이 있겠지만 우선 누가복음에서만 살펴보기로 한다.

눅2:28 시므온이 아기를 안고 하나님을 찬송하여 가로되

눅8:13 바위 위에 있다는 것은 말씀을 들을 때에 기쁨으로 받으나 뿌리가 없어 잠간 믿다가 시험을 받을 때에 배반하는 자요.

눅9:5 누구든지 너희를 영접하지 아니하거든 그 성에서 떠날 때에 너희 발에서 먼지를 떨어버려 증거를 삼으라.

눅9:48 누구든지 내 이름으로 이 어린아이를 영접하면 곧 나를 영접함이요 또 누구든지 나를 영접하면 곧 나 보내신 이를 영접함이니라.

눅10:8-10 어느 동리에 들어가든지 너희를 영접하거든 너희 앞에 차려놓은 것을 먹고 거기 있는 병자들을 고치고 또 말하기를 하나님의 나라가 너희에게 가까이 왔다 하라. 어느 동리에 들어가든지 너희를 영접하지 아니하거든 그 거리로 나와서 말하되 우리 발에 묻은 먼지도 너희에게 떨어버리노라. 그러나 하나님의 나라가 가까이 온 줄을 알라 하라.

이것 외에도 신약성경 저자들이 사용한 이 데코마이(δέχομαι)의 개념은 한 군데의 예외도 없이, 모두 받다, 영접하다, 가지다 등으로 표현되어 있는데 유독 본문인 누가복음 18장 17절과 마가복음 10장 15절(누가복음과 동일한 내용) 그리고 George V. Wigram 성구사전의 한글판에는 고린도후서 8장 4절

항목에 '섬기다'라는 표현으로 번역된 것을 볼 수 있다. 그런데 고린도후서 8장 4절의 '섬기다'는 성구사전의 잘못이다. 고린도후서 8장 4절에는 데코마이(δέχομαι)라는 단어가 나오지 않는다. 이 단어는 고린도후서 8장 5절의 '우리의 바라던 것뿐만 아니라'라는 말 가운데서, 사본 상의 차이로 우리말 개역성경에는 번역이 안 되어 있지만, 저자가 '우리를 **받아줄 것을**' 바라고 있는 표현에서 나오는 것인데 본 성구사전의 번역 과정에서 8장 4절로, 그것도 마가복음이나 누가복음에 '받들다'는 항목에서 이 데코마이(δέχομαι)가 사용된 것을 보고 적당히 '섬기다'라는 단어로 맞추어 넣은 실수다.

따라서 신약성경 전체뿐만 아니라 구약의 70인 역에서도 자기에게 주어진 어떤 것을 '받는' 개념의 데코마이(δέχομαι)를 개역성경의 번역은 '받드는'으로 가운데 '드'를 임의로 집어넣은 것을 알 수 있다.

그렇다면 성경의 번역자들은 왜 이와 같이 다른 곳에서는 모두 받다, 영접하다 등으로 자신들이 스스로 번역한 이 단어를 이 부분에서만은 받들다로 번역했는가.

대답은 간단하다. 하나님의 나라는 '받는' 것일 수 없고 오직 '받드는' 것이어야 한다는 그들의 투철한 믿음 때문이라면 억측이 되는 것일까. 성구사전의 고린도후서 8장 4절 같은 부분의 실수도 이러한 선입관이 빚은 작품이다.

그러므로 본문의 주님 말씀을 제대로 적어본다면 '누구든지 하나님의 나라를 어린아이와 같이 **받지**(혹은 영접하지) 않는 자는 결단코 (거기에) 들어가지 못하리라'가 된다.

여기에 율법과 은혜가 있다. 받드는 것은 내가 내 몸을 움직여 행동해야 하는 것이지만 받는 것은 몸을 움직일 필요가 없다. 그래서 율법으로는 아무것도 온전케 할 수 없다. 왜냐하면 율법은 육신의 연약으로 말미암아, 할 수 없는 것이기 때문이다. 그러나 성경이 이런 사실을 이처럼 분명하게 선포하고 있음에도 불구하고 오늘날 우리의 신앙행태는 '그렇지만, 그래도, 하나님을, 그리고 하나님의 나라를 받들어 섬기는 일도 중요하지 않는가'라고 반문하고 있다.

육신의 원리를 생각해 보자. 아직 젖도 안 뗀 어린아이가 부모를 섬기고 받들겠다고 덤벼든다면 이를 기특하다고 칭찬할 것인가, 아니면 기가 막히다 못해 소름끼칠 일인가. 그래서 사도 바울도 이미 고린도후서 12장 14절에서 '어린아이가 부모를 위하여 재물을 저축하는 것이 아니요 이에 부모가 어린아이를 위하여 하느니라'고 갈파했다.

어린아이가 할 수 있는 일이란 부모의 그림자를 떠나지 아니하고 노는 것이 전부다. 부모가 그의 전부인 사람이 어린아이다. 잠시잠깐 재미있는 일에 빠져 시간을 보낼 수는 있겠지만 그것도 부모가 곁에 있다고 느껴질 때나 그런 것이지 부모가 같이 있다는 느낌이 없어지는 순간 아이는 울음을 터뜨린다. 이것이 정상이다. 늘 부모가 아이를 돌보고 받들지, 어린아이가 부모를 섬기고 보살피는 것이 아니다. 어린아이들의 개념에 있어서 부모란 섬김의 대상이 아니다. 그들의 전부로서 '받음'의 대상이다. 오직 부모를 섬기고 받드는 대상으로 생각하는 사람들은 윤리를 따지고 효를 들먹이는 어른들의 생각이다. 그래서 우리 주님은 '너희가 효자처럼 하나님 아버지를 받들어 섬기지 아니하면 결단코 천국에 들어갈 수 없느니라' 하신 것이 아니고 '어린아이와 같이 하나님 나라를 받지 아니하면'이라고 하신 것이다.

여기에 코페르니쿠스적 발상의 대전환이 필요하다. 눈으로 하늘을 쳐다보면 지금도 태양이 지구를 돌고 있지 절대로 지구가 태양을 도는 것이 아니다. 다만 지구가 태양을 돈다는 것은 학교에서 그렇게 배웠기 때문에 그러려니 하는 것일 뿐이다. 신앙도 마찬가지다. 성경이 아무리 우리는 하나님을 섬길 수 없는 존재라는 것을(수24:19) 목이 아프게 외쳐도 그건 성경말씀이고 나의 삶은 굳세게 하나님을 섬기겠다고 고집하는 것이 우리들이다(수24:21). 왜냐하면 그렇게 섬기는 것이 신앙인 줄로 믿기 때문이다.

우리가 하나님을 섬기는 것이 아니다. 오히려 하나님이 우리를 섬기신다. 그러므로 우리 주님도 '인자가 온 것은 섬김을 받으려 함이 아니라 도리어 섬기려 하고 자기 목숨을 많은 사람의 대속물로 주려함'(마20:28)이라고 분명히 밝혔다. 주님이 아버지를 섬기기 위해 온 것이 아니라는 사실과 또한 주님 자신이 섬김을 받으러 온 것이 아니라는 사실을 확실히 하셨다. 그러나 그럼에도 불구하고 왜 우리는 주님을 섬기지 못해 안절부절 못하고 있는가.

성경말씀은 분명히 주님이 우리를 섬기시며 또한 큰 자가 어린 자를 섬기리라(롬9:12)고 말씀하고 있지만, 일반적으로 우리의 개념은 우리가 주님을 섬겨야 하고 낮은 자가 높은 자를 섬기는 것인 줄 알고 있다. 왜냐하면 인간 세상의 모든 제도와 규범이 상향식으로 짜여 있기 때문이다. 회사에 가면 과장이 부장을 섬기고 부장은 사장을 섬기는 온통 그런 것만이 존재하는 것들의 전부인 인간 세상에 몸담고 사는 우리들로서는 사장이 부장을 섬기고 많이 가진 자가 적게 가진 자를 섬기는 그런 하나님 세상의 원리는 도무지 꿈같은 소리일 수밖에 없다.

그러나 더럽고 추한 우리 인간들의 세상에도 그러한 하나님 세계의 원리가 적용되고 실천되는 곳이 있으니 곧 우리의 가정이다. 그리고 꼭 그런 하나님의 원리가 적용되어야 하고 실천되어야 하는 곳이 하나 더 있는데, 우리는 그곳을 이름 하여 교회라고 한다. 왜냐하면 교회란 그리스도가 머리고 신자들은 그의 지체이므로 하나님 나라의 원리가 당연히 실현된 곳이어야 하기 때문이다. 이런 원리 — 즉 그리스도는 교회의 목사님을 섬기고 목사님은 장로님을 장로님은 집사를 집사는 평신도를 애지중지 섬기는 하나님 나라의 원리 —가 실현된 곳이 교회다. 과연 이 세상에서 그런 곳이 있을 수 있느냐고 반문하지 말기 바란다. 있을 수 있느냐 없느냐의 문제가 아니다. 다만 그런 곳이 교회라는 말이다.

부모가 자식에게 '너, 왜 나를 섬기지 않느냐'고 따지기 시작하면 그 집안은 막가는 집안이다. 마찬가지로 하향식 섬김의 원리가 상향식 섬김이나 하향식 다스림의 원리로 바뀌어 있다면 그것은 이방인의 집권자들(마20:25)이나 하는 짓이지 그리스도의 몸 된 교회의 구성원들이 할 수 있는 일이 아니다. 어린 자를 섬기려고 노력할 문제가 아니다. '부족하지만 애쓰고 있다'

고 변명할 문제도 아니다. 그렇게 살 수 있어야 하고 이방인의 집권자들이나 하는 짓은 그냥 할 수 없어야 한다. 그러지 아니하면 결단코 하나님의 나라에 들어가지 못한다.

사도 바울의 메시지로 글을 맺고자 한다.

> 우주와 그 가운데 있는 만유를 지으신 신께서는 천지의 주재시니 손으로 지은 전에 계시지 아니하시고, 또 무엇이 부족한 것처럼 사람의 손으로 섬김을 받으시는 것이 아니니, 이는 (하나님은) 만민에게 생명과 호흡과 만물을 친히 주시는 자이심이라 (행17:24-25).

아직도 하나님을 섬겨야 한다고 생각하는 사람이 있다면 그는 하나님의 전지전능, 무소부재하심을 입술로는 믿으나, 마음으로는, 삶으로는 부인하는 사람이다.

13

세상과 너희
그리고 나

요7:1-9

세상이 너희를

미워하지 못하되

나를 미워하나니

이는 내가 세상의 행사를

악하다 증거 함이라.

우리는 가끔씩 예수의 반대자 입장에서 성경을 볼 필요가 있다. 왜냐하면 예수 편에서 예수를 보면 모든 것이 아름답게 보이고, 오늘날 우리가 그런 행동을 했다면 호된 비난을 면치 못할 사건도 예수이기에 거룩하게 보이고, 우리가 모르는 깊은 뜻이 숨어 있겠거니 하고 짐짓 간과해 버리는 경향이 있기 때문이다. 예수라는 이름 때문에 예수가 예수일 수는 없다. 예수라는 이름은 그의 삶으로서 만들어지고 성취된 것이지 결코 그의 이름이 예수기 때문에 예수의 삶을 살 수 있었던 것은 아니다.

그러므로 그의 이름 옆에 무조건 가서 서기 전에 그의 삶을 이해하고 그의 삶이 나의 삶이 되는 과정이 선행되어야 한다. 이런 과정이 없이 예수를 이해하고 믿는다는 것은 참으로 헛된 공염불에 지나지 않는다.

본문을 보면 예수는 어떤 피해의식(?)에 사로잡힌 것 같은 인상은 준다. 혹은 세상이 자기를 미워한다는 과대망상 속에서 살았던 것처럼 보인다. 왜냐하면 그 당시의 '세상'은 예수를 미워하지 않았기 때문이다. 아니 그 세상은 예수를 미워할 하등의 이유가 없었을 수도 있다. 적어도 세상을 불신자들이나 이방 종교를 가지고 사는 로마나 헬라로 생각한다면 그렇다. 그들이 무엇이 못마땅해서 예수를 미워했겠는가. 뿐만 아니라 본문의 예수의 말씀 가운데 '이는 내가 세상의 행사를 악하다 증거 함이라'는 말씀도, 그런 세상과는 다분히 내용이 다르다. 예수는 그러한 세상 ─ 불신자나 이방 종교인들 ─을 향해 일언반구 비난하거나 책망한 일이 없었다.

그렇다면 논리의 모순이다. 그 반대로 논리의 모순이 아니라면 예수가 일종의 피해의식에 사로잡혀 세상을 살아간 사람이라는 증거가 된다. 왜냐하면 세상을 향해 책망한 일도 없으면서 그 세상이 자기를 미워한다고 생각하고 있기 때문이다.

우리 믿는 도리의 사도시며 대제사장이신 예수를 '깊이' 생각해야 되는(히3:1) 이유가 여기 있다. 그렇지 않으면 우리는 모두 수박의 겉만 핥고 그 맛을 믿는 사람들이요, 분명히 예수 그리스도의 십자기 죽음으로 말미암아 성전의 휘장이 위로부터 아래까지 찢어지고, 우리가 그 피를 힘입어 성소에 들어갈 수 있는 길이 열려있음(히10:19-20)에도 불구하고, 수송아지나 어린 양을 제물로 들고 하나님께 보이기 위하여 월삭과 안식일과 대회로 모이고 있는 사람들, 곧 성전의 마당만 밟고 있는 자들에 불과하다(사1:11-13).

그러면 무엇이 세상(κόσμος, 코스모스)인가.

전기한 대로 로마나 헬라가 세상이 아니라는 것은 예수께서 결코 그들을 향하여 비난하거나 책망하지 않았다는 것으로 충분히 증거 된다. 오늘날 '너희는 세상의 소금이요 세상의 빛(마 5:13)이라' 는 말씀을 들어 부정부패가 가득 찬 저 불신자들의 세계를 세상으로 설명한다면, 우리는 아직도 예수의 '세상'이 무엇인지 알지 못하고 있다. 그러므로 성경 말씀을 빌려 권력형 부정부패나 한탄하고 책망하고 있는 사람은, 번지수를 한참 잘못 찾고 있는 것이다. 그런 사실들은 성경을 가지고 깨우칠 일들이 아니다. 예수의 입장에서 그런 사건들은 입에 담아 책망할 가치조차 없는, 세상적인 인간들의 지극히 당연하고도 당연한 일이다.

성경적 세상은 성경이 '책망할 가치'를 느껴 책망하는 대상이다. 예수 그리스도의 눈에 거슬리는 대상, 그래서 그러한 일들을 하지 말라고 책망하는 대상, 그가 곧 예수의 세상이다.

그렇다면 예수에게 있어서 무엇이 세상이었느냐 하는 것은 자명하다. 예수의 공생애 전부를 통하여 그는 줄곧 유대인들의 신앙행태를 책망해 왔기 때문이다. 율법적 신앙이 하나님을 믿는 것이 아니라는 것을, 그렇게 신앙생활을 열심히(목숨을 내어놓을 정도로)하는 대상을 향하여 줄곧 '화 있을진저.' (마23장)라고 외쳐 왔기 때문이다. 이들이 예수 그리스도의 '세상'이다. 세상도 '세상의 세상'이 있고 '예수 그리스도의 세상'이 있다. 세상의 세상은 세상이 책망할 가치를 느끼는 세상이고, 예수의 세상은 예수가 책망하는 대상이다.

그러므로 예수로부터 책망을 듣는 세상은 그를 미워할 수밖에 없다. 자기들은 구원 받았다고 철석 같이 믿고 있는데(살전

5:1-), 거기다 대고 '너희는 구원이 무엇인지 모른다.'고 외치고 있으니 돌 세례를 받지 않은 것이 다행이다. 자기들은 온전한 십일조(말3:10)를 한답시고 회향과 박하와 근채의 십일조까지(마23:23) 충심으로 바쳤는데, 그들을 향해 '너희는 약대를 버리고 하루살이를 취했다'고 문전박대하고 있으니 삼 년 동안이나마 공생애를 살 수 있었던 것이 다행이다.

하기 때문에 '세상의 행사'는 결코 도둑질이나 간통이나 지저분한 사건들이 아니다. 자타가 거룩하다 인정하고 의롭고 믿음직스럽고 자기희생적인 사람들일수록 예수의 세상이기 쉽다. 예수는 스스로는 거룩했는지 모르지만, 당시의 소위 종교인들이 보기에는 먹기를 탐하고 포도주를 즐기는 사람(οἰνοπότης, 오이노포테스: 술고래, 대주가)에 불과했으며(눅7:34), 스스로 죄인들의 친구임을 자처했으며, 본문에서도 알 수 있듯이 '너희는 명절에 올라가라. 나는 내 때가 아직 차지 못하였으니 이 명절에 아직 올라가지 아니하노라.'고 했다가 금방 그의 형제들 몰래 자기도 올라가는(요7:10) 표리부동한, 조석으로 변하는 인격의 소유자였다.

이런 예수가 율법의 의로는 흠이 없는(빌3:6) 유대교인, 바리새인들을 책망할 자격이 있는가. 찬송가 가사 대로 무조건 '예수 닮기 원합니다.'를 앵무새처럼 외울 일이 아니다. 오늘날 대부분 기독교인들의 신앙관으로는 오히려 예수가 세상적이고 마귀적이며 정욕적이지 않는가(약3:16).

그러기 때문에 본문의 '세상이 너희를 미워하지 못하되'가 진리다. 세상이 너희를 미워하지 않는 것이 아니라 못하는 것이다. 원문에서도 분명히 우 뒤나타이(οὐ δύναται: 할 수 없다. 할 능력이 없다)를 쓰고 있다. 즉 세상은 '너희'를 미워할 능력이 없다는 말이다. 왜 세상이 '너희'를 미워할 수 없는가. 그것은 그들 자신이 바로 세상이기 때문이다. 그래서 '사람들은 자기를 사랑하며 돈을 사랑하며…'(딤후 3:2)라는 말씀대로 자기를 사랑한다. 인간들은 자기를 미워할 능력이 없다.

'제 눈에 안경'이란 말이 그런 것이다. 스스로 보기에 못마땅할 수도 있을지 모르지만 그렇다고 그것이 자기를 미워하는 것은 아니다. 즉 내가 세상을 사랑하기 때문에 그 세상도 나를 사랑하는 것이다. 사랑하는 대상을 어찌 미워할 수 있겠는가.

미움은 그 사랑의 배신에서 나온다. 세상이 나를 미워하지 않는, 미워할 수 없는 이유는 내가 그 세상을 사랑하기 때문이다. 그러면 누가 나를 미워하고 있는가.

그런즉 누구든지 세상과 벗이 되고자 하는 자는 스스로 하나님과 원수 되게 하는 것이니라. 너희가 하나님이 우리 속에 거하게 하신 성령이 시기하기까지 사모한다 하신 말씀을 헛된 줄로 생각하느냐 (약4:4-5).

하나님과 세상 그리고 내가 형성한 삼각관계 — 나를 사이에 둔 하나님과 세상의 쟁탈전 가운데 우리는 나면서부터(요9:1) 세상과 한 몸을 이루어 살아왔다. 세상이 곧 나요, 내가 곧 세상이다. 그러므로 신앙의 문제에 있어서도 '내가 하는' 모든 것이 곧 세상의 행사가 된다. 이것이 율법이다. 기도 하는 것, 예배드리는 것, 헌금하고 충성하고 봉사, 전도하는 모든 것이 '내가 하는 것'이면 그것은 율법이요, 악한 세상의 행사에 불과하다. 여전히 죄 아래 속하여 죄를 믿고 죄를 찬송하며 산다.

예수 그리스도는 이것을 책망하셨다. 그리고 이러한 종교인들은 하나님을 사랑하는 것이 아니라, 자기들의 그러한 행위적 신앙을 사랑하여 — 즉 자신을 사랑하여 — 하나님 앞으로 나아오지 않았다(요3:19). 이런 사람들일수록 철야기도에 한번 빠지면 신앙생활에 구멍이 난 것 같고, 주일을 빼 먹는다는 것은 상상조차 할 수 없는 일이다. 그 상상할 수조차 없는 그것 — 그것이 바로 기회를 타서 계명으로 말미암아 나를 속이고 나를 죽인 죄다(롬7:11).

나의 현재 위치는 어느 곳인가.

우리가 예수의 삶을 살면(이래야 예수를 믿는 것이다. 믿음은 관념이 아니라 삶이다.) 예수가 받은 대우를 받는다. 하나님으로부터도 예수의 대우를 받으며, 아울러 세상으로부터도 예수가 받은 대우를 받게 된다. 하나님의 대우는 아들로서의 대우요(히12:7), 세상의 대우는 미움과 핍박이다. 그러므로 내가 하나님을 믿는 사람이면, 하나님으로부터 오는 아들로서의 대우, 곧 징계(παιδεία, 파이데이아: 가정교수, 교육 또는 훈련)가 반드시 있으며(없으면 사생자다, 히12:8) 또한 세상으로부터의 대우 곧 '나를 인하여 너희를 욕하고 핍박하고 거짓으로 너희를 거슬러 모든 악한 말을 하는'(마5:11) 현상이 반드시 있다. 그럴 때에야 비로소 기뻐할 수 있다. 교회 나가고 기도하는 사람이라고 모두 하나님을 믿는 사람일 수 없는 증거가 이것이다. 그러므로 자랑하는 자는 하나님의 징계와 세상의 미움으로 자랑해야 한다.

이런 관점에서 나의 현주소는 어디인가를 다시 한 번 생각해 보아야 한다. 세상이 미워하는 사람인가. 이런 사람은 하나님을 사랑하고 하나님의 사랑을 받는 사람이다. 세상을 사랑하는 사람인가. '누구든지 이 세상이나 이 세상에 있는 것들을 사랑하면, 아버지의 사랑이 그 속에 있지 아니하다'(요일2:15)는 말씀대로, 그가 비록 하나님을 아버지로 모시고 섬기며 믿으며 산다고 하더라도, 그의 속에 아버지의 사랑은 없는(요5:42) 이 세상에서 가장 불쌍한 사람이다(고전15:19).

세상이 우리를 미워할 수밖에 없는 이유는 간단하다. 세상을 향한 우리의 사랑이 없어졌기 때문이다. 그러므로 예수께서는 우리에게 이 점을 미리 경계하셨다.

세상이 너희를 미워하면 너희보다 먼저 나를 미워한 줄을 알라. 너희가 세상에 속하였으면 세상이 자기의 것을 사랑할 터이나, 너희는 세상에 속한 자가 아니요, 도리어 세상에서 나의 택함을 입은 자인 고로 세상이 너희를 미워하느니라. (요 15:18-19)

뿐만 아니라 사도 요한도 '형제들아, 세상이 너희를 미워하거든 이상히 여기지 말라'(요일3:13)고 했다. 세상이 미워할 수밖에 없는 사람이 예수 그리스도를 그 속에 모시고 사는 사람이다. 오히려 세상이 나를 미워하지 않으면 우리는 과연 내가 하나님을 믿는 사람인지 의심해 보아야 한다. 왜냐하면 성경은 폐

하지 못하기 때문이다. (요10:35)

결국 세상이란, 세상을 육신적 세상으로 생각한 '나'다. 그러므로 나는 나를 미워할 수도 없고, 내 생명을 내어 놓을 수도 없는 것이다. 예수 그리스도로 말미암은 '생명'을 마다 하고 '나'로 인한 구원을 고집하는 내가 바로 세상이다. 예수는 이러한 나의 들러리에 불과하다.

행위가 아니라
믿음이라는 말
내가 아니라 예수라는 아우성인 줄
율법이 아니라
사랑으로 서로 종노릇인 줄
그러나
여전히 껍데기만 부서지고
내가 달리지 않는
골고다의 십자가엔
오늘도
예수 홀로 찬바람 속을 우시다.

무엇이 행위이고
무엇이 믿음인지
행위가 믿음이고
믿음이 행위가 된 지
벌써 오래(요5:6)

그럼에도 불구하고
낫기를 원치 않는
눈 뜬 장님들
의(義)의 죄인들
아직도 십자가에 매달려 있는 예수를
기다리는
정신 나간 나
앞산의 엉겅퀴
뒷산의 가시나무
모두 모두 얽히고설켜
세상은 세상을 사랑하고
어울리고
감싸 안으며
풍요를 구가한다.

성경은 여전히 끝나지 않은 연극
예수도 있고
대제사장도 있고
바리새인 서기관 레위인 모두 있는데
간음한 여자만 없다.

막이 내릴 시간은 다 왔는데
여전히
간음한 여자만 없다

어디서

누구를 데려다가

이 연극의 끝을 채울꼬.

　　내가 너희를 모든 더러운 데서 구원하고 곡식으로 풍성하게 하여, 기근이 너희에게 임하지 아니하게 할 것이며, 또 나무의 실과와 밭의 소산을 풍성케 하여, 너희로 다시는 기근의 욕을 열국에게 받지 않게 하리니 그 때에 너희가 너희 악한 길과 너희 불선(不善)한 행위를 기억하고 너희 모든 죄악과 가증한 일을 인하여 '스스로 밉게 보리라'. (겔36:29-31)

14

예수의 평안과
세상의 평안

요14:27

평안을 너희에게 끼치노니
곧 나의 평안을
너희에게 주노라.
내가 너희에게 주는 것은
세상이 주는 것
같지 아니하리라.

예수를 믿으면 평안해진다고들 한다.

역설적으로 평안이 없으면 예수를 믿지 않기 때문이라는 가르침도 공공연하다. 뿐만 아니라 예수를 믿음으로서 평안과 기쁨을 누린다는 많은 사람들의 간증이 있기에 일견 그러한 가르침이 사실인 듯도 싶다. 그리고 성경도 예수를 믿는 우리에게 당신의 평안을 약속하고 있으므로 이론과 실제가 딱 들어맞는다고 볼 수도 있다.

그러나 문제는 '나의 평안'이라는 예수의 말씀에 있다. 아울러 '세상'도 평안을 준다는 것이 본문의 말씀이다. 그러므로 내가 소유한 평안이 '세상의 평안'인지 '예수의 평안'인지를 구분하지 못하게 되면 아무런 의미가 없게 되고, 나아가서는 착각과 미혹의 씨앗이 될 수도 있다. 하기 때문에 우리는 더욱더 성경 말씀이 무엇을 어떻게 말씀하고 있는지 살펴보아야 할 필요성이 있다.

세상의 평안과 예수의 평안 사이에 차이점은 무엇인가.

그런데 이 질문을 유심히 보면, 놀라운 것은 '평안'이라는 말에는 아무런 차이가 없다는 점이다. 다만 그 평안이 누구로부터 온 것이냐는 차이만 있을 뿐이다. 그러므로 세상도 예수도 똑같이 제공할 수 있는 '평안'이 무엇을 의미하는가를 먼저 알 필요가 있겠다. 평안 (εἰρήνη, 에이레네)이란 무엇인가.

에이로(εἴρω) 즉 연합하다(to join)는 뜻으로부터 유래된 에이레네(εἰρήνη)는 따라서 '하나가 됨, 고요, 안식, 다시 하나가 되다'라는 의미를 가진다(James Strong의 사전 참고). 즉, 평안(εἰρήνη)이라는 것은 분리된 상태거나 두 개 이상의 별개의 존재가 연합하여 하나가 된 상태를 의미한다. 일반적으로 평안(평화)의 반대말인 전쟁을 생각하면 이해가 쉽다. 전쟁이란 적대하는 두 개 이상의 나라나 단체 혹은 개인이 있어야만 가능한 것이고 상대적으로 평안은 어느 한쪽으로 통일된 상태를 가리킨다고 볼 수 있다.

그러므로 우리 인간이 평안하다고 할 수 있으려면 우리 내부에 다투는 두 개의 존재(즉 갈등구조)가 있을 때는 불가능하고 어느 한쪽이 다른 한쪽에 투항하든지 쫓겨나든지 해야 가능하다. 사도 바울이 로마서 7장에서 고백한 것처럼 '내 속 사람으로는 하나님의 법을 즐거워하되 내 지체 속에서 한 다른 법이 내 마음의 법과 싸워 내 지체 속에 있는 죄의 법 아래로 사로잡혀 가는' (롬7:22-23) 상황에서는 평안이 있을 수 없다.

그러므로 문제의 시작은 내 속에 두 존재가 있음을 알아채는 때부터라고 볼 수 있다. 그러면 그 이전 상태는 어떤 것인가. 전기했듯이 평안이란 '하나 된 상태'를 의미하는데 자기 속에서 두 존재가 갈등구조를 그리고 있는 것조차 알지 못할 때에는 그쪽도 평안이란 말이다. 마치 대낮에는 한 점 어두움이 없어 평안인 것처럼, 칠흑 같은 한밤중도 한 점 빛이 없어 평안인 것과 같다. 갈등 즉 싸움이 일어나 평안이 깨지는 시점은 칠흑의 어두움에 빛이 비추기 시작하면서부터다. 이때로부터 두 '평안'의 다툼이 시작되는데 이것이 곧 해산의 아픔(요16:21)이요, 이 고통을 지난 기쁨이 곧 새로운 평안, 어두운 곳이 하나도 없는 빛 안에서의 평안(눅11:36)이다.

그러므로 본문이 말씀하고 있는 세상의 평안은 세상과의 연합을 의미하는 것이고 예수의 평안은 예수와의 연합(엡2:14-17)을 의미한다. 이렇게 써놓고 보니까 오늘날 기독교인 가운데 이걸 모르는 사람이 있을까 싶어 민망한 생각이 들기도 한다. 왜냐하면 기독교인이란 모두 세상과 연합된 과거가 있었고 이제는 예수와 연합되어 '그의 평안'을 누리고 있다고 생각하기 때문이다. 그러나 문제는 오늘날 신자들의 대부분이 과연 세상과 예수라는 두 상극의 갈등구조(롬7장)를 몸으로 살고 예수에게 연합되었느냐에 있다. 그 갈등과 고통의 심연 없이(시간적인 문제가 아니다) 예수를 믿는다는 것은 감히 단언하건대 거짓말이다. 왜냐하면 세상과 연합하여 (우리 인간은 누구나 세상과 하나 되어 살던 존재들이다, 엡2:1-3) 세상에서 평안한 삶을 누리던 사람이 예수를 만나게 되면 그 가치체계의 다름 때문에 심각한 근심과 갈등을 했던 것이 성경에 기록되어 있기 때문이다.

오늘날 가장 큰 문제는 '예수 믿으면 평안해진다' 든지 '예수의 말씀은 우리 마음을 위로해 준다'는 것이다. 한술 더 떠서 '우리 하나님은 그렇게 어렵거나 복잡한 분이 아니다'는 철두철미한 신념이다. 그 신념의 근거가 무엇인지 나는 궁금하기 짝이 없다.

성경역사를 통하여 예수를 만나 그의 말씀을 들은 사람들이 과연 그랬는가. 그렇지 못했음을 성경이 기록하고 있지 않는가. 예를 들어 보자. 재물이라는 세상과 하나 되어 평안히 살던 부자 청년이 그래도 영생에 관심이 있어서 예수께 질문한다(마 19:16-22).

'무슨 선한 일을 하여야 영생을 얻으리까?'

'네가 온전하고자 할진대 가서 네 소유를 팔아 가난한 자들을 주라, 그리고 와서 나를 좇으라.'

그래서 어떻게 되었는가. 그 말씀을 들은 부자 청년이 평안히 가서 예수의 말씀대로 재산을 처분했던가. 이 말씀을 듣고 '근심하며 가니라' 이것이 성경의 기록이다. 그 후에 이 청년이 과연 재산을 처분했는지 알 수 없으나 아무튼 예수의 말씀에 대한 반응이 '근심했다'는 점이다. 그런데 왜 오늘날은 근심도 없이 잘도 신앙생활 하는가. 그 이유는 오늘날 교회의 메시지가 '네 소유를 다 팔아'라는 예수의 말씀을 선포하지 못하고 '십일조만 바치면'이라는 지어낸 말을 선포하기 때문이다. 그러니 평안이다. 누구의 평안인가. 바로 세상이 주는 평안이다.

부자 청년은 돈만 알고 예수를 못 믿어서 그렇다고 치자. 그러면 예수를 따라다니던 제자들은 좀 나은 면이 있었던가. 계속되는 마태복음 19장 23절 이하의 말씀에서는 예수의 말씀을 제자들이 듣고 심히 놀라 가로되 '그런즉 누가 구원을 얻을 수 있겠느냐' 하는 것을 볼 수 있다. 오늘날 성경말씀이 선포될 때에 심히 놀라는 '제자들'을 본 적이 있는가. 그것도 경외의 놀람이 아니라 이런 어처구니없는 놀람을 본 적이 있는가. '그런즉 아무도 구원을 얻을 수 없다' 는 제자들의 말에 동의한 예수의 말씀(마19:26)을 듣고도 근심이 되지 않고 '평안' 하셨다면 더 이상 할 말이 없다.

예수의 말씀이 우리로 하여금 세상에서 평안하게 하는 위로의 묘약 정도로 생각한다면 우리는 아직도 '세상'에서 꿈꾸고 있는 것에 불과하다. 예수를 믿는 길은 세상 사람에게 미움 받고 핍박받는 길이요(마5:11) 좁고 협착한 길이다(마7:14). 그래서 들어가기를 구하여도 못하는 자가 많은 길이요(눅13:24), 집이나 형제나 자매나 부모나 자식이나 전토를 버리는 길이다(마19:29). 뿐만 아니라 자기를 부인하고 자기 십자가를 지는 길이며, 나아가 자기 목숨을 잃는 길이다(마10:34-39). 이렇게 이 세상에서는 외국인과 나그네의 길을 가는(히11:13) 사람들이 예수를 따르는 사람이라고 성경은 목이 아프게 외치고 있는데 세상에서 잘 되는 것이 하나님께 영광을 돌려 드리는 것이요, 그렇게 함으로써 믿지 않는 자들에게 본이 된다는, 탐심을 인하여 지은 말(벧후2:3)에 잘도 속아 넘어가고 있으니 딱하고도 한심한 일이다.

그러므로 성경은 우리에게 망대(望臺)를 세우기 전에 미리 앉아 그 비용을 예산해 보라고 가르친다(눅14:28). 그리고 비용 예산이 맞지 않거든 아예 기초공사도 하지 말라고 요구한다. 왜냐하면 보는 자가 다 비웃기 때문이다.

예수를 믿는 길은 '나의 목숨'이라는 비용이 든다는 것을 기억해야 한다. 그냥 '믿으면'이 아니란 말이다. 내 목숨을 버리지 않으면 괜히 공사를 시작만 하고 이루지 못하는 불쌍한 사람이 된다(고전15:19)는 말이다. 그러므로 좁고 협착한 길이다.

자기 목숨을 '위하여' 전심전력으로 사는 삶이 주는 평안이 있는데 이것이 곧 세상이 주는 평안이요, 자기 목숨을 '잃음으로써' 얻는 평안이 있는데 이것이 곧 예수의 평안이다. 둘 다 평안이라는 말을 쓸 수 있는 것은 전자는 자기 목숨 이외의 것이 보이지 않음으로 평안이요 후자는 자기 목숨이 없어지고(십자가에서 예수와 함께 죽음, 갈2:20) 그리스도의 생명으로 살기 때문에 주어지는 평안이다. 근심이 있고 갈등이 있다는 얘기는 자기 목숨과 그리스도의 생명 사이에 방황한다는 말이다. 몸으로는 자기 목숨을 위하여 살면서 입으로는 그리스도를 믿는다고 자랑스러워할 일이 아니다.

세상이 주는 평안 — 가볍게 무시할 수 있는 성질의 것이 아니다. 더구나 여기서 말하는 세상은 일반적으로 생각하는 세상이 아니다. 즉 부정과 부패가 난무하는 저 '로마'의 백성들이 아니라 하나님을 향하여 기도하던 '유대' 백성들이 곧 세상(눅12:30)이다. 말로는 하나님을 사랑한다고 하면서 그의 계명을 가지고(ἔχω, 에코) 지키는(τηρέω, 테레오) 것(요14:21)은 무엇인지 모르는, 그래서 진리의 영을 받지 못하는 대상이 곧 세상이라는 말이다(요14:17). 다른 말로 하면 '자기 목숨을 위하여' 신앙 생활하는 사람들이 성경적 '세상사람'이다.

세상은 이런 사람들에게 자기의 평안을 선물하는데 이것이 곧 '기도함으로써' 누리는 평안이요, '구제함으로써' 가지는 평안이다. 그래서 어렵사리 '큰일' 한 건 하고 나면 몸은 피곤해도 소위 영혼은 하나님 앞에 뿌듯하고 자랑스럽고 평안한 것이다. 그러나 이 모든 것은 어떠한 일을 '자기가 함으로써' 주어지는 것들이요, 자기 신앙의 수준(?)에 따라 조석으로 변하는 평안이다. 그래서 하나님 앞에 열심히 살지 못하면 죄송스럽고, 그래서 또 눈물 흘리며 회개 기도하고 나면 속이 후련하고, 그러면 또 그 용서에 감격해서 평안하고, 마치 냄비에 죽 끓듯, 다람쥐 쳇바퀴 돌 듯 하는 것이 오늘날의 신앙 행태다.

신앙의 주체가 '나'에게 있기 때문이다. 예수를 믿는다는 것은 주체의 옮김을 뜻한다. 즉 나의 평안이 아니라 예수의 평안을 가지게 된다는 말인데, 따라서 주체가 '예수'이므로 '나'의 행위나 감정적 변화에 전혀 영향을 받을 필요가 없게 된다. 내가 기도를 하건 아니하건, 예배를 드리건 안 드리건 상관이 없다는 말이다. 그렇게 해야만 평안한 사람은 아직 예수의 평안이 무엇인지 모르고 세상이 주는 평안을 예수의 그것인 줄 착각하고 있는 것이다.

왜냐하면 우리가 하나님을 사랑하므로 평안한 것이 아니라 하나님의 사랑을 받으므로 평안한 것이어야 하기 때문이다. 사랑을 받아 본 사람만이 사랑할 수 있다. 하나님의 사랑을 모르고 하나님을 사랑함으로써 누리는 평안이 곧 세상이 주는 평안이다. 이것은 분명히 예수의 평안과는 다르다. 왜냐하면 전자는 우리가 하나님을 사랑할 때만 누리는 평안이요 후자는 그냥 내 속에 존재하는 평안이기 때문이다. 그래서 본문의 '끼치노니'라는 말은 앞히에미(ἀφίημι)로서 허락하다, 곁에 두다는 말이다. 즉 너희를 평안하게 해 주겠다는 말이 아니라 너희에게 '평안'을 허락한다는 말이다. 이것은 곧 '나의 평안'인데 26절의 아버지께서 내 이름으로 보내실 진리의 성령이요, 다른 보혜사다. 그러므로 우리는 하나님의 자녀(요1:12)면서 평안(엡2:14)의 아들(눅10:6)이다.

세상이 주는 평안도 맛보고 예수께서 주는 평안도 맛을 본 사람만이 세상의 평안을 알 수 있다. 세상이 주는 평안으로 잘 먹고 잘 살던 경험이 과거지사가 아닌 사람은 현재의 삶이 그것이라는 반증이다 (물론 예수 '믿고' 나서부터). 그래서 세상이 주는 평안이 크면 클수록 힘써 하나님의 평안을 거부하게 된다.

그러므로 '저희'가 평안하다 안전하다 할 그 때에 잉태된 여자에게 해산 고통이 이름과 같이 멸망이 홀연히 저희에게 이르리니 결단코 피하지 못하리라 (살전5:3).

모쪼록 하나님의 평안을 선물로 받아서 세상의 평안에 만족하며 사는 사람들에게 하나님의 평안을 소개하는 사람이 되시기 바란다.

화평케 하는 자는 복이 있나니 저희가 하나님의 아들이라
일컬음을 받을 것임이요 (마5:9).

15

세상의 염려와 재리의 유혹

마13:22

가시떨기에
뿌리웠다는 것은
말씀을 들으나
세상의 염려와
재리의 유혹에
말씀이 막혀
결실치 못하는 자요.

본문의 말씀은 유명한 씨 뿌리는 자의 비유 가운데 세 번째 밭인 가시떨기에 대한 예수의 설명이다. 그런데 궁금한 것은 왜 '말씀'이 세상의 염려와 재리의 유혹 정도(?)에 막히느냐 하는 점이다. 말씀은 하나님의 능력(고전4:20)일 뿐만 아니라, 하나님 자신(요1:1)이므로 가시떨기 아니라 돌밭에서도 왕성한 생명력으로 살아 결실하는 것이 합리적일 것 같은데, 왜 본문은 하찮은(?) 세상의 염려나 재리의 유혹에조차 막힌다고 기록하는가.

　　더구나 본문을 좀 더 자세히 살펴보면 '말씀이 막혀'의 개역 번역은 '말씀을 막아'의 잘못임을 알 수 있다. 즉 원문은 '염려'와 '유혹'을 주어로 하는 능동태 문장인데, 번역은 '말씀'을 주어로 하는 수동태 문장으로 되어 있다. 사실은 말씀이 '막히는' 것이 아니라 염려와 유혹이 말씀을 '막고' 있음을 알 수 있다. 뿐만 아니라 '막고'로 번역된 쉼프니고(συμπνίγω)는 쉰(συν, 함께)이라는 전치사와 프니고(πνίγω, 목 졸라 죽이다, 숨 막히게 하다)의 합성어로서 단순히 말씀을 '막는' 정도가 아니라 세상의 염려와 재리의 유혹이 함께(συν) 말씀의 목을 졸라 질식시킨다는 의미다. 그런다고 '말씀' 자체가 죽는 것은 아니지만 (말씀 자체는 죽을 수도 없고 손을 댈 수도 없다) 그 '말씀'으로 생명을 소유해야 할 '밭'이 황폐해지는(마23:38) 것이다. 이것이 살인이다. 예수는 마귀를 향하여 처음부터 살인한 자(요8:44)라고 하셨는데, 바로 창세기 3장 사건을 언급하신 것이다 (창세기 4장의 카인의 살인이 아니라는 점).

아무튼 본문은 천국 말씀을 듣는 자에 대한 언급인데, 사탄이 '세상의 염려'라는 무기와 '재리의 유혹'이라는 무기를 동원해 '말씀'이 결실하지 못하게 막아놓고 있는 모습을 볼 수 있다. 그럴지도 모르니까 조심하라는 권면이 아니라 현재 직설법으로 '그렇다'는 말씀이다. 그러나 그러한 상황에 대한 하나님의 반응은 '그냥 당하고만 있는' 모습이다. 당신 능력의 강한 팔을 펴서 우리로 하여금 옴짝달싹 못하도록 만드시는 것이 아니라 탕자를 떠나보내는 아버지(눅15:11-32)처럼 '막혀' 지내신다. 왜냐하면 강요된 사랑은 이미 사랑이 아니기 때문이다. 우리가 제한하면 제한 당하는 분이 하나님이다.

본문에서는 그 제한의 주체를 세상의 염려와 재리의 유혹으로 들고 있는데, 과연 세상의 염려와 재리의 유혹은 무엇을 말하는가. 본문에서 세상으로 사용된 단어는 아이온(αἰών)인데 이것은 '너희는 세상(γῆ, 게)의 소금(마5:13)이요, 세상(κόσμος, 코스모스)의 빛(마5:13)이라'고 할 때의 세상과는 다르다. 또한 '이 천국 복음이 모든 민족에게 증거 되기 위하여 온 세상

(oἰκουμένη, 오이쿠메네)에 전파되리니'(마24:14)의 세상과도 다름을 알 수 있다. 여기서 세상의 여러 개념을 설명할 수는 없지만, 주로 게(γῆ)는 소금이 필요한 대상으로, 코스모스(κόσμος)는 빛이 없는 장소로, 오이쿠메네(οἰκουμένη)는 복음이 전파될 대상으로서의 세상을 의미한다. 그러면 아이온(αἰών)은 어떤 의미의 세상인가. 이 단어는 주로 시대(age)나, 세대의 의미로 많이 쓰이고 있다.

예를 들면 마태복음 12장 32절에서, 말로 성령을 거역하면 이 세상과 오는 세상에도 사하심을 얻지 못하리라고 할 때의 세상, 누가복음 16장 8절의 이 세대의 아들들이 자기 시대에 있어서는 빛의 아들들보다 더 지혜롭다는 말씀 가운데 나오는 세대, 역시 누가복음 20장 34절로부터 35절에 나타나는 이 세상의 자녀와 저 세상의 자녀에서의 세상 등이 본문의 아이온(αἰών)이다.

즉 장소나 상태 개념의 세상이 아니라, 시간성(인간들의 입장에서) 개념의 세상임을 알 수 있다. 그러나 문제는 우리들의 시간 개념은 이 세대가 끝나야 저 세대가 오리라고 생각하는데 — 저 세상은 죽어서 가는 하늘나라로 생각하므로 — 사실은 두 세대가 이 땅(γῆ, 게)위에 공존하는 것이어서, 이 땅위에 살면서도 저 세상(눅20:35)을 사는 사람이 있는가 하면 저 세상에 가서도 이 세상을 사는 사람이 있다(눅16:19-31).

본문의 '세상의 염려'는 바로 '이 세상(τοῦ αἰῶνος τούτου, 투 아이오노스 투투: 스테판역)의 염려' 다. 이 세상의 염려가 말씀을 막는다. 즉 이 세상 개념으로 말씀을 보는 그 자체가 천국

(저 세상) 말씀(마13:18)을 죽이는($\sigma\upsilon\mu\pi\nu\acute{\iota}\gamma\omega$) 것이다. 또한 염려($\mu\acute{\epsilon}\rho\iota\mu\nu\alpha$, 메림나)는 메리조오($\mu\epsilon\rho\acute{\iota}\zeta\omega$, 분쟁하다, 나누다)에서 유래한 단어로서 '이 세상'과 '저 세상' 사이에서의 방황, 그 자체다.

말씀은 분명히 천국(저 세상) 말씀인데 왜 이 세상의 염려가 그것을 막는가. 막을 수가 없게 되어 있는데 왜 막히는가. '이 세상'에 의해 우리의 양심이 세뇌(프로그래밍)되었기 때문이다. 아무리 천국 말씀이라도 그 프로그램 속에 여과될 때 이 세상 말씀으로 둔갑하여 나타나게 된다. 이것이 사탄의 전술전략 1호인데, 사도바울도 이를 탄식하여 이르기를 '만일 우리 복음이 가려졌으면 망하는 자들에게 가려진 것이라, 그 중에 이 세상 신이 믿지 아니하는 자들의 마음을 혼미케 하여 그리스도의 영광의 복음의 광채가 비취지 못하게 함이니 그리스도는 하나님의 형상이니라'(고후4:3-4)고 하였다. 즉 복음이 가려진 원인이 이 세상($\tau\text{o}\hat{\upsilon}$ $\alpha\grave{\iota}\hat{\omega}\nu\text{o}\varsigma$ $\tau\text{o}\acute{\upsilon}\tau\text{o}\upsilon$) 신($\text{o}$ $\theta\epsilon\acute{o}\varsigma$, 호 데오스: 하나님)이 사람들의 마음을 혼미케($\tau\upsilon\phi\lambda\acute{o}\omega$, 튀플로오: 소경되게 하다)한 데 있다고 지적하고 있다.

이 세상 신 — 좀 더 직역을 한다면 이 세대의 하나님 — 이 있단다. 역시 '이 세대'를 사는 사람은 그(신, o $\theta\epsilon\acute{o}\varsigma$)를 향하여 '하나님'으로 호칭한다는 말에 다름 아니다. 뿐만 아니라 그 '하나님'께 예배와 기도와 충성 봉사들을 아끼지 않게 되는데 '저 세상'에 가보면 그 '하나님'이 어떤 하나님인 줄 알게 된다. 사탄이 사탄인 줄 알면 오해다. 이 세대의 하나님이다. 뿐만 아니라 오히려 적반하장으로 저 세상의 하나님께 대하여 바알

세불이라고 몰아세우게 된다(마10:25,12:14). 그래서 싸우게 되면 저 세상의 하나님이 이 세상의 하나님을 이기느냐 하면 그러지 아니하는 데 문제가 있다 (물론 당분간이긴 하지만). 사람들 싸움에서도 때론 목소리 큰 사람이 이기는데 예수도 사람들의 목소리에 져서(눅23:22-23) 십자가를 지게 된다. 열두 영 더 되는 천사들을 오게 할 수 있는 그 분이…. 때리면 맞고 막으면 막히시는 분을 하나님으로 모시고 사는가? 아니면?

그래서 하나님의 의(義)를 드러낸다는 미명하에 '사회정의'를 부르짖고, 하나님 안에 거룩해진답시고 죄 짓지 않는 삶, 도덕적 자유의 삶을 외치게 되는데 이런 것들이 바로 '이 세상'의 염려가 말씀을 막은 결과다. 이 세상의 하나님은 인간들에게 이러저러한 일들을 '하기'를 요구한다. 그리고 인간들은 자기가 하나님을 '위해' 무엇을 한다는 착각 속에 빠지기를 좋아한다. 그래서 종국에는 '하나님'은 없어도 되고(왜냐하면 자기가 다 하니까) 자기만 남게 되는데, 그러므로 '염려'가 생기게 된다. 성경의 하나님은 당신이 의(義)를 약속하시고(히6:13) 그 뜻의 변치 아니함을 맹세로 보증(히6:17)까지 하시고 그 일을 이루기 위하여 지금까지 당신 자신이 일하고 계신다.

그럼 인간은 뭔가.

하나님이 일하시는 대상이다. 자비를 원하고 제사를 원치 않는다(마9:13,12:7)는 말씀을 제사 드리지 말고 자비를 베풀라고 알아들었다면 크게 오해한 것이다. 제사가 무엇이냐 하면 '자비를 베푸는 것'이기 때문이다. 즉 우리가 '하는' 모든 것들이 '제사'의 범주에 들어있다. 당신의 자비를 사랑할(미6:8) 문제지 우리의 자비를 베풀 문제가 아니다. 세상의 염려란 다른 것이 아니다. 우리가 자비를 베풀려는 것이요, 우리가 하나님의 의를 이루려는 것이다. 또한 '뜻이 이루어지이다' 하지 않고 뜻을 이루기 위해 '수고'하는 것이다. 그래서 사회적으로 소외된 사람들을 위해 한 몸을 희생하는 분도 많고 정치적으로 억압받는 사람들을 위해 소위 '십자가' 지시는 분도 많은데 그렇게 애쓰고 수고하는 그 '일들'이 말씀을 목 졸라 죽이는(συμπνίγω, 쉼프니고) 것인 줄 알아야 한다. 본론을 덮어놓고 지엽말단 싸움에 전 삶을 걸고 있는 것이고, 사도바울의 지적대로 향방 없는 달음질이요 허공을 치는 싸움이다(고전9:26).

그러면 재리의 유혹은 무엇인가.

재리는 부(富)요, 유혹은 '속이다, 꾀다'의 명사형인데 구체적으로 무슨 의미인가. 간단히 말한다면 '돈이 있어야'다. 돈 때문에 할 말을 못하고, 해서는 안 되는 말을 하는 것도 재리의 유혹에 해당하겠으나 이것만이 아니다. 하나님의 일을 위해서 즉 복음을 전파하고 말씀을 전하기 위해서는 '돈도' 필요하다는 생각이 재리의 유혹이라는 말이다. 그래서 유혹(속임, 꾐)이다. 실제로 하나님은 '돈으로' 일하시는 게 아니다. 당신의 약속에 따라 당신의 능력으로 당신이 직접 일 하시는데 괜히 돈을 좋아하는 인간들이 하나님의 일 한답시고 '돈도' 있어야 됨을 주장한다. 즉 말씀을 이익의 재료로 생각하는 자들이란 말이다(딤전6:5). 말씀을 내세우는 이유가 무엇이냐 하면 거기서 이익을 얻기 때문이다.

이익이 없었더라면 성경은 벌써 없어졌을 것이다. 하나님의 하나님 되심이 여기에 있다. 성경을 누구의 손에 의해서 보존시켜 오셨는가. 순수하게 말씀만을 사랑하는 사람들의 손을 빌리신 것이 아니라 성경을 '이익의 재료'로 생각하는 사람들의 손을 빌어 당신의 말씀을 이어오신 하나님이 보이시는가. 예수가 이 땅에 오셔서 그처럼 책망하시던 그 서기관들의 손에 의하여 구약이 보존되어 왔지 않는가.

이 땅에 수도 없이 많은 교단과 교파가 왜 하나 되지 못하는가. 정말 하나님의 말씀을 보는 시각의 차이 때문인가. 그렇다면 이건 더 큰 문제다. 왜냐하면 서로 '이단'일 테니까. 소위 보수정통의 교단이 나뉜 이유가 무엇인가. 누가 바울의 '경건을 이익의 재료로 생각하는 사람들의 다툼'이 아니라고 강변할 것이며, 누가 베드로의 '탐심을 인하여 지은 말(교리)을 가지고 너희로 이(利)를 삼는'(벧후2:3) 사람들의 분리가 아니라고 우길 것인가. 정말 '말씀'이 틀려서, 보는 성경이 달라서 갈라섰다면 저쪽이 맞든지 아니면 이쪽이 맞든지 둘 중에 하나라고 주장해야 차라리 옳다. 그렇지 않다면 그것은 말씀 때문에 갈라진 것이 아니라 '재리의 유혹' 때문에 틀어진 것이 아니고 무엇이랴! 그럼에도 불구하고 하나님께서는 손해 보지 않지만 다만 그런 일도 하나님의 일이라고 믿고(당사자들 속으로는 이것조차 안 믿을지도 모른다) 한 평생을 사는 사람이 안타까울 따름이다.

정말 오늘날 기독교인들이 (목회자들은 더욱 더) 먹을 것과 입을 것이 있은즉 족한 줄로 알고(딤전6:8) 사는가. 돈이 있으면 하나님의 일을 보다 효과적으로 능률적으로 잘 할 수 있다는 생각의 근원은 무엇인가. 그것은 바로 하나님의 일에 대한 오해에서 비롯된다. 하나님의 일이란 하나님 당신이 직접 하시는 것이요, 씨 뿌리는 자의 비유로 보면 백 배, 육십 배, 삼십 배, 열매 맺는 것이다. 예수도 분명히 '내가 너희에게 이르는 말이 스스로 하는 것이 아니라 아버지께서 내 안에 계셔 그의 일을 하는 것이라'(요14:10)고 말씀하셨다. 외형적인 교회건물을 세우고 신자들을 모셔오기 위해서 교회버스를 사는 것이 필요하다고 생각될지 모르나 이러한 생각이 '말씀'을 목 졸라 죽이고 있음을 아시는가. 하나님하고는 아무런 상관이 없는 인생이나 유익하게 할 뿐(욥35:1-8)이라는 사실을 아시는가.

그러므로 본문의 결론은 '결실치 못하는 자'다. 왜 결실치 못하는가. '다른 동네'에서 살다 오셨기 때문이다. 땅이 그 위에 자주 내리는 비를 흡수(히6:7)할 생각은 않고 제사상 차리기에 정신없었으며 아예 이른 비와 늦은 비(약5:7)가 무엇인지도, 그때가 언제인지도 까마득히 모른 채 제 갈 길로 갔기 때문이다. 그래서 열매가 나오기 전까지는 상당히 비슷한 것 같았는데, 정작 열매가 없음에 있어서는 첫째 밭인 '길가'보다 나을 게 없고 오히려 더 억울할 뿐이다(마22:13).

이 세상의 염려와 재리의 유혹은 그것으로서 열매를 맺을 수 있다는 착각에서 비롯된다. 즉 정치적 사건에 연루되어(세례 요한처럼) 핍박받는 것을 예수 때문에 받는 환란인 줄 생각하고, 그것이 신앙의 열매라고 생각하기 때문에 이 세상에 대하여 염려한다는 말이다. 또한 돈이 있어 교회를 몇 개씩 짓는 것을 신앙인의 삶으로 생각하여 그렇게 한다는 말인데, 본문은 그러한 일들이 결실치 못하는 유일한 원인이라고 지적하고 있다. 이것이 바로 어두움의 일이요(엡5:11), 전술한 대로 이 세상의 하나님을 섬긴 결과다.

그래서 마태복음 13장 23절의 좋은 땅은 말씀을 듣고 깨닫는 자다. 이 세상의 일에 관심을 둘 여가도 없고 재리의 유혹 때문에 말씀을 듣고 깨닫는 과정을 생략할 수 없는 삶을 사는 사람이다. '듣고 깨닫고, 듣고 깨닫고' 그것이 삶으로 살아지는 사람의 결과가 백 배, 육십 배, 삼십 배 결실이다. 자기가 열매를 의식하고 사는 것이 아니라 '저가 밤낮 자고 깨고 하는 중에 씨가 나서 자라되 그 어떻게 된 것을 알지 못하나 땅이 스스로 열매를 맺되 처음에는 싹이요, 다음에는 이삭이요, 그 다음에는 이삭에 충실한 곡식이라, 열매가 익으면 곧 낫을 대나니 이는 추수 때가 이르렀음이니라'(막4:27-29)의 삶을 사는 사람들이다.

이 세상의 염려와 재리의 유혹이 기다리는 밭 — 그 곳이 세 번째 밭이다. 지금 우리는 몇 번째 밭을 살고 있는가.

16

스스로 조심하라

눅21:34-36

너희는 스스로 조심하라.

그렇지 않으면

방탕함과 술 취함과 생활의 염려로

마음이 둔하여지고

뜻밖에 그 날이 덫과 같이

너희에게 임하리라.

말세에 관한 얘기는 벌써 오래 전에도 꽤 많이 성행했지만, 요즈음엔 아주 날짜까지 들먹이며 인기를 모으고 있다. 물론 대다수의 기독교인들은 그러한 가르침을 외면하고 있지만 그래도 마음 한구석엔 일말의 불안과 초조가 도사리고 있다고 하는 것이 솔직한 표현이리라. 하여튼, 세례 요한 때부터 외쳐진 이 '말세'는 아직까지 실체로서 드러나지 아니한 채 언젠가는(내일일지 10년 후일지는 모르지만) 오고야 말 것이라는 믿음의 대상으로 우리 마음 속에 간직되어 있는 것이 사실이다.

　　그 '마지막 날'은 과연 오고야 말 것인가. 온다면 그것이 내게 과연 무슨 의미가 있는가. 누가복음 21장은 이 마지막 날의 징조와 표적에 대한 말씀이 중점적으로 기록되어 있다. 그래서 그 말씀대로 세계 도처에서는 난리와 소란의 소문이 들리고, 민족이 민족을 나라가 나라를 대적하여 일어나는 소식, 처처에 큰 지진과 기근의 발생도 우리에게 너무나 빈번히 전해지고 있다.

뿐만 아니라 많은 사람들이 예수 그리스도의 이름으로 와서 '내가 그로라' 한다.(이 말은 꼭 '내가 예수다'라고 하는 것만을 의미하지 않는다. 이름은 아니더라도 실질적으로는 그렇게 행동하는 모든 사람을 의미한다). 또한 '때가 가까이 왔다'는 말을 귀가 따갑도록 외치고 있는 것이다(눅21:8-10).

더 말할 필요도 없이 이러한 모든 징조와 현상들이 곧 말세가 가까이 왔다는 것을 의미한다고 해서 잘못일 수 없다. 그러나 문제는 정작 말세가 가까이 왔느냐 아직은 저만치 떨어져 있느냐 하는 데 있지 않다. 마지막 날은 우리가 오리라고 믿는다고 오고, 그렇게 믿지 않으면 안 올 수도 있는 그런 것이 아니다. 우리의 의지나 동의와는 무관하게 하나님의 계획과 작정에 따라 집행될 사항이다(행1:7).

여기도 신앙의 맹점이 있다. 본문의 배경이 되는 말세의 각종 징조나 표적을 외치고, 그것을 믿는다고 마지막 날이 자기에게 유예되거나 면제되는 것이 아니다. 그럼에도 불구하고 이제 얼마 있지 않아서 세상은 종말을 고하고 우리 주님이 다스리는 주님의 나라가 오리라고 굳세게 믿고 앉아 있다. 믿음이 말이 아니라 삶이라는 것은 바로 이 점이다. 120년 후에 대홍수가 있을 것이라는 사실을 노아가 '믿었기' 때문에 노아의 구원이 이루어진 것이 아니라 그의 믿음이 구체적 삶으로 나타난 방주가 있었기 때문에, 즉 머릿속에서의 지적(知的) 동의가 아니라 손과 발과 가슴을 움직인 삶이 있었기 때문에 그의 구원이 가능했던 것이다.

그러면 이런 논박이 가능하다. ─ 그러니까 우리가 이렇게 먹을 것 못 먹고 입을 것 참아가며 열심히 충성, 봉사, 신앙생활을 하고 있는 것 아니냐 —

과연 그렇다. 그 열심과 충성을 인정하겠다. 그러나 문제는 그리 단순하지 않다. 왜냐하면 우리 주님께서는 말세를 알리는 여러 표적들을 말씀하신 다음에 '그러니까 너희들이 나를 열심히 믿고 나에게 충성하라'고 말씀하지 않았기 때문이다.

문제는 말세가 오느냐 안 오느냐가 아니라 어떻게 하면 그날에 우리에게 임할 모든 일을 능히 피하고 예수 그리스도 앞에 설 수 있느냐 하는 것이다(눅21:36). 그렇다면 자명하게 드러나는 것은 오늘 나의 이러한 신앙생활이 과연 '그 날'을 피하게 하고 주님 앞에 서게 할 만큼 능력적인 것인가 하는 문제다.

사도바울은 데살로니가전서 5장 1절 이하에서 이렇게 말하고 있다.

형제들아 때와 시기에 관하여는 너희에게 쓸 것이 없음은 주의 날이 밤에 도적 같이 이를 줄을 너희 자신이 자세히 앎이라 저희가 평안하다(구원 받았다), 안전하다(하나님 안에 있다) 할 그 때에 잉태된 여자에게 해산 고통이 이름과 같이 멸망이 홀연히 저희에게 이르리니 결단코 피하지 못하리라, 형제들아 너희는 어두움에 있지 아니하매 그 날이 도적 같이 너희에게 임하지 못하리니…(살전5:1-4).

말로만 평안하다 안전하다 믿고 소망한다고 해서 그렇게 되는 것이 아니다. 그 날에 대하여 자세히 알고 어두움 가운데 있지 아니한 사람들만 사도 바울의 '형제들'이며, 이들만 그 날을 '피하고' 주님 앞에 '설' 수 있다. 하기 때문에 신앙은 능력(고전1:18)이고, 능력이어야 한다.

본문을 보자. 예수께서는 수많은 말세의 징조를 말씀하신 다음에 그러니까 '이렇게 하라' 고 처방전을 떼어주신다. 이 처방전이 그 날을 피할 수 있는 열쇠다. 34절, 대문자로 시작하는 이 문장의 첫 단어는 조심하라(Προσέχετε, 프로세케테)다. 이 단어는 디모데전서 4장 13절의 '내가 이를 때까지 읽는 것과 권하는 것과 가르치는 것에 착념하라' 고 할 때의 착념(着念)의 개념이다. 골똘히 그것을 생각하고 관심을 두고 그렇게 산다는 의미다. 그러면 무엇을 조심하고 무엇에 착념(着念)하라는 말씀인가.

그것이 그 다음 말씀이다. 개역성경의 번역은 '그렇지 않으면 방탕함과 술 취함과 생활의 염려로 마음이 둔하여지고…' 로 나타나지만, 사실은 '방탕함과 술 취함과 생활의 염려로 마음이 둔하여지지 아니하도록, 그리고 뜻 밖에 그 날이 덫과 같이 너희에게 임하지 아니하도록' 조심하라는 말씀이다.

여기서 우리가 얼핏 보면 두 가지 사실에 대하여 조심하라는 듯이 보인다. 그러나 그 날이 덫과 같이 우리에게 임하지 않기 위하여서는 마음이 둔해지지 아니하면 그 날을 피할 수 있으므로 사실 내용은 한 가지 — 마음이 둔하여지지 않는 것 — 이다.

나의 마음은 지금 둔해져 있는가 아니면 예민한 상태인가. 여기서 또 하나의 문제가 발생하는데 과연 어떠한 상태가 마음의 둔함이요 예민함인지 그 기준이 없다는 점이다. 무릎 잘 자르는 칼이라고 고기도 잘 자를 수 있다는 보장이 없는 것과 마찬가지로, 어느 정도가 마음의 둔함으로부터 벗어나서 예민한 마음의 상태로 들어가는 것인지, 그것을 모르기 때문에 각자 생각하는 선(線)에서 '이 정도면' 하는 것은 금물이다. 예민함을 아는 사람만 둔함을 잴 수 있다. 본문이 분명히 주님의 말씀일진대 둔함과 예민함의 표준은 당연히 주님의 그것이어야 한다.

주께서 보시는 마음의 둔함은 어떤 것일까. 우리의 불행은 주님의 예민함을 모르므로 우리의 둔함을 모른다는 점이다. 둔함 속에서 잉태되고 둔함을 호흡하며 살아왔기 때문에 둔함에 너무 익숙해 있다. 둔함에 대한 고통도 갈등도 없이 둔함 그것이 곧 삶이요 운명이요 즐거움이다. 둔함을 즐기고 있는 것이다. 방탕, 술 취함, 생활의 염려, 이러고 있는 우리의 삶이 곧 우리 마음의 둔함의 결과며 원인이다. 이 말에 위로 받을 분들도 있을 것이다. 왜냐하면 그는 적어도 방탕하지도 술 취하지도 않고 살기 때문이다. 그러나 그 방탕이란 것도 내가 정해놓은 기준에 의한 것이어서는 안 된다. 주님의 눈으로 볼 때 방탕하지 않은 것이어야 한다. 이래서 어렵다. 아니 불가능하다.

백 번을 양보한다고 하더라도 우리는 '생활의 염려' 문제에 와서는 두 손 들지 않을 수 없다. 왜냐하면 우리는 하나님을 믿으면서도 여전히 세상에서 생활하는 일(자식 키우는 일, 직장생활 하는 일, 먹고 사는 일을 모두 포함해서)에 마음이 나뉜 채 살고 있기 때문이다. 이 나누어진 마음 이것이 곧 생활의 염려다. 생활의 염려를 하고 있는 동안은 우리는 하나님을 믿는 사람일 수는 있어도 하나님을 아버지로 모신 그의 자녀들일 수는 없다.

그러면 예수 믿는 사람은 모두 이 세상에서 구차하게 살아야만 되느냐고 반문하지 마시기 바란다. 그것이 먼저가 아니라 마음의 예민함이 먼저(마6:33)라는 말이다. 말세가 롯의 때와 같고 노아의 때와 같다는 말에 우리는 유의할 필요가 있다. 왜냐하면 그들의 죄목은 겨우(?) 먹고 마시고 장가들고 시집가며, 사고팔고, 심고, 집을 지었다(눅17:27-29)는 것이 고작이었다. 그러므로 그들은 깨닫지 못하고 살았으며 그랬기 때문에 그들에게는 그 날이 덫과 같이 임한 것이다. 그러나 노아에게는 결코 그 날이 덫과 같이 오지 않았다.

덫이라는 것, 심각한 말씀이다. 우리가 쥐덫을 놓으면서 그 안에 먹을 것을 놓아 유혹하는 것을 기억하자. 먹어야 한다는 당위성 앞에 놓여있는 먹을 것들 ― 그것이 덫이다. 너무나 당연하고 꼭 그래야만 하는 것들이 우리 마음의 둔함 때문에 그렇게 보이는 것이다. 그러므로 그러한 마음의 둔함으로 인하여 덫 안에서 살다보면 (덫 안이라는 것이 사실 편하기는 이를 데가 없다) 그 날이 '뜻 밖에' 내게 임하게 된다. 그 평안, 그 안전이 덫인 줄 정말 예전엔 미처 몰랐다는 독백이 그 날 나의 입에서 나오는 말이어서야 되겠는가.

다윗은 시편 69편에서 자신이 하나님을 바람으로 자기 눈이 쇠하였다고 탄식하고 있다. 뿐만 아니라 무고(無故)히 자기를 미워하는 자가 자신의 머리 털 보다도 많다고 울부짖고 있다(3-4절). 이것은 다윗만의 이야기가 아니었다. 우리 주님의 상황이었고 또한 그분을 믿는 우리의 삶이기도 한 것이다. 다윗은 이러한 상황에서 하나님 앞에 탄식하며 말한다.

22절,— 저희 앞에 밥상이 올무가 되게 하시며 저희 평안이 덫이 되게 하소서 — 어찌 다윗이 그들의 밥상이 풍성한 것에 대한 시기심으로 외친 말이겠는가. 그들이 평안한 것이 배가 아파서 그랬겠는가.

또한 아삽은 시편 73편에서 다윗보다 더한 독설로 탄식한다. — 저희는 죽는 때에도 고통이 없고(4절), … 볼지어다. 이들은 악인이라 항상 평안하고 재물은 더 하도다(12절) —

어찌하여 그런가.

그것이 그들의 덫이기 때문이다. 덫이 덫으로서의 역할을 충실히 하자면 그것 자체에 매력이 있어야 한다. 말씀이 이럼에도 불구하고 예수 믿어 영육 간에 축복 받으라는 말씀을 어찌 선선히 믿을 수 있는가. 보이지 않는 영적 복은 보이는 육적 복을 쟁취하기 위한 들러리 정도로 외쳐지는 현실이 아닌가.

육적 복, 이것이 바로 방탕과 술 취함과 생활의 염려다. 여기에 관심을 가지고 있는 한 우리는 마음이 둔한 사람들이다. 그렇다면 우리가 아무리 말세가 이러이러하리라고, 주님이 이러이렇게 재림하시리라고 철썩 같이 믿는다고 할지라도 그것은 모두 헛된 믿음이요 그렇게 증거하는 사람은 거짓 증인일 뿐이다.

마음의 예민함을 알고 그 예민함과 둔함 사이를 측정할 수 있어야 한다. 최소한 예민함과 둔함 사이를 왔다 갔다 할 수만 있어도 괜찮다. 그래야만 본문의 36절대로 장차 올 이 모든 일을 능히 피할 수 있다. 노아가 홍수를 피한 것처럼, 롯이 유황불을 피한 것처럼 말이다.

그러므로 모든 들은 것을 우리가 더욱 간절히 삼갈지니 (προσέχω, 프로세코 : 본문의 조심하라) 혹 흘러 떠내려갈까 염려하노라. 천사들로 하신 말씀이 견고하게 되어 모든 범죄함과 순종치 아니함이 공변된 보응을 받았거든 우리가 이같이 큰 구원을 등한히 여기면 어찌 피하리요 (히2:1-3).

17

어리석은 부자

눅12:13~21

저희에게 이르시되
삼가 모든 탐심을 물리치라
사람의 생명이 그 소유의 넉넉한 데
있지 아니하니라 하시고,
어리석은 자여
오늘 밤에 네 영혼을 도로 찾으리니
그러면 네 예비한 것이
뉘 것이 되겠느냐 하셨으니,
자기를 위하여 재물을 쌓아두고
하나님께 대하여 부요치 못한 자가
이와 같으리라.

본문은 너무 유명해서 오히려 심각하지 않은 말씀이다. 또한 스스로 부자라고 생각하는 신자들은 읽을 때마다 부담스러운 말씀이요, 가난하다고 생각하는 신자들은 자기와는 상관없는 이야기라고 인식하기 쉬운 말씀이다. 뿐만 아니라 교회에 헌금깨나 하는 신자들을 자긍케 하는 말씀이기도 하다.

우리는 복음서의 예수를 이해해야 한다. 복음서의 예수는 비록 그가 신기한(?) 표적들을 행했을(?)망정 그의 말씀들은 늘 우리의 삶을 지적하고 우리의 내면을 묘사했었다. 결코 우리가 죽어서 갈 어떤 신비로운 세계에 중점을 둔 것이 아니며, 또한 구체화되지 않은 관념의 세계를 말씀한 것도 아니다. 그러므로 이런 복음서의 예수를 이해하지 못하고 계시록의 예수, 예언서의 예수를 말한다면 그것은 사상누각(沙上樓閣)으로 끝날 공산이 크다. 복음서는 예수의 삶의 기록이다. 따라서 복음서 역시 내용을 논하는 것은 무의미하며 우리가 예수의 삶을 살 때 비로소 그것은 우리에게 가치 있는 하나님의 말씀이 된다.

본문 역시 이러한 예수의 삶의 관점으로 이해해야 한다. 우리가 자주 범하는 오류는 예수의 삶이 빠진 본문의 내용만으로 하나님의 말씀을 이해하는 것이다. 이렇게 될 때 본문의 말씀은 실제로 그것을 말씀하고 그렇게 사셨던 예수의 의도와는 전혀 다른, 이를테면 '하나님께 대하여 부요하라'는 메시지를 '열심히 헌금하라'는 뜻으로 곡해하는 사태를 야기한다.

본문은 얼핏 보기에는 별개인 듯한 두 개의 사건기록으로 구성되어 있다. 첫째는 그의 형과 유업(유산)의 문제로 예수의 판결을 구하는 어떤 사람의 기사고, 둘째는 우리가 잘 아는 대로 어리석은 부자의 이야기다. 그런데 우리가 관심을 기울여야 하는 것은 이 두 사건이 하나의 소절(paragraph)로 구성되었다는 점이다. 하나의 소절은 일반적으로 하나의 메시지를 담는다고 보아야 한다. 그렇다면 이 두 사건은 어떤 연결고리로 서로 관계를 맺고 있는가.

본문을 자세히 보면 첫 번째 사건, 즉 자기 형으로 하여금 유업을 나눠주게 해달라고 예수께 구하던 사람에게 두 번째 사건인 어리석은 부자의 이야기를 비유로 들려주심을 알 수 있다. 결국 첫 번째 기사는 실화(實話)고, 두 번째 기사는 예수의 비유다. 따라서 예수의 목적은 비유의 주인공인 어리석은 부자의 구원이 아니라, 실화의 주인공을 향한 깨우침에 있음을 알아야 한다. 그렇다면 예수는 왜 부모의 유업을 혼자 차지하고 있는 형을 향하여 이 말씀을 하지 않고, 오히려 그 유업을 한 푼도 못 받고 억울해하는 그 동생을 향하여 이 말씀을 하시는가. 분명히 비유 속에 나오는 어리석은 부자는 그 자신이 곡식을 쌓을 곳이 없을 정도로 많은 부를 소유한 사람이다. 그렇다면 이 메시지는 들을 사람이 따로 있지 않는가.

그러나 예수는 틀림없이 그 형에게서 유업을 나누게 해 달라는 동생을 향하여 이 말씀을 하신다. 그러므로 예수의 관점에서는 그 유업을 혼자 차지한 형이 어리석은 부자가 아니라 그 유업을 어떻게 좀 나누어 보겠다고 따라다니는 동생이 어리석은 부자다. 우리가 이러한 출발선에서 이 말씀을 이해하지 않을 때, 이 어리석은 부자의 비유는 때론 부담스러움으로, 때론 자기의 의적(義的)요소로 작용하게 된다. 분명히 유업을 차지하고 쌓을 곳이 없어 아우성치고 있는 모습은 자신이 아니라 자기 형의 모습인데, 왜 예수는 그런 말씀을 자기 형에게 말하지 않고 오히려 빈털터리인 자신에게 하고 있는가. 이것이 예수의 삶과 우리 삶의 간격이요 또한 믿음이 관념에만 머물러 있다는 증거다.

어리석은 부자는 재물을 가졌느냐 아니 가졌느냐로 판단되는 것이 아니다. 문제는 15절의 탐심(貪心)에 있다. 탐심이 있으면 어리석은 부자 즉 자기를 위하여 재물을 쌓아두고 하나님께 대하여 부요치 못한 자요, 만일 우리 속에 탐심이 없다면 그러한 삶이 곧 하나님께 대하여 부요한 삶이다. 결코 내게 있는 재물을 하나님께 갖다 바치는 것을 일컬어 '하나님께 대하여 부요한 삶'이라고 말하지 않는다. 예수의 눈에는 다른 사람 말할 것 없이, 자기 형으로 하여금 부모의 유산을 나누게 해 달라는, 인간으로서는 충분히 그럴 수 있는 부탁을 하는 그 동생이 이러한 탐심의 소유자였던 것이다. 그 형이 어리석은 부자가 아니라 (이 말은 실제로 그 형이 탐심이 없었다는 뜻이 아니라, 다만 언급에서 제외 되었다는 말이다) 재물이라고는 한 푼도 없는 동생이 예수의 눈에 어리석은 부자로 보이게 된 원인이 바로 여기에 있다.

그렇다면 우리로 하여금 이러한 어리석은 부자가 되게 하는 탐심(貪心)이란 어떤 것인가.

국어사전의 뜻풀이는 '매우 욕심이 많음, 사물을 탐하는 마음'으로 되어 있다. 이런 관점에서 볼 때 과연 이 동생은 자신에게 유산을 나눠주지 않은 형보다 더 많은 탐심을 가졌던가. 자신에게 정당한 몫으로 돌아온 어떤 것에 대하여 관심을 기울인 그것이 과연 '매우 욕심이 많은' 것인가. 이해하기 어렵다.

여기서 탐심으로 번역된 헬라어는 플레오넥시아(πλεονεξία) 인데 이 단어는 플레이온(πλείων, 더 많은)과 에코(ἔχω, 소유하다, 가지다)의 합성어로부터 유래하였다. 따라서 이 단어의 보다 원천적인 개념은 '더 가지고자 하는 마음'을 의미한다고 하겠다. 현재 있는 상태에서 더 가지고자 하는 마음 — 이것이 바로 탐심이다. 즉 다른 사람들과의 상대적인 기준에서 생각하는 '더 가짐'이 아니라 자신의 현재 상태보다 '더 가짐'을 탐심이라고 한다. 그러므로 우리의 일상적이고도 일반적인 기준에서는 당연히 그래야 하는 것들이 의외로 탐심의 소치인 경우가 많다. 예를 들어 옆집에서 피아노를 샀으니까 우리도 피아노를 들여놓아야 하겠다는 생각이 탐심이 아니라, 피아노 정도는 으레 갖추고 살아야 되지 않겠느냐는 그 생각이 탐심이다.

13평 아파트에서 살면서 15평이나 17평 아파트를 꿈꾸고, 또 그것을 얻기 위하여 애쓰고 수고하는 마음을 일컬어 탐심이라고 한다. 일인당 국민소득이 5천 달러인 시대를 사니까 그 정도 생활수준은 당연하고 일반적이라고 생각하면 오산이다. 그것은 어디까지나 일상적이고 평균적인 사람들의 생각이지 예수의 생각은 아니다. 예수가 보는 탐심은 현재의 소득과 소비가 3천이냐 5천이냐에 있지 않고 3천으로 살면서 4천을 위하여 노력하고 5천을 꿈꾸는 것이다. 20평을 25평으로, 30평으로 늘리고자 하는 마음이다. 이 마음을 우리가 '근면'이니 '경제자립'이니 아무리 그럴듯한 이름으로 화장해 놓는다고 해서 고름이 살 되는 것은 아니다.

그렇다면 경제적 빈곤을 어떻게 없앨 것이며 그러다가는 언제 선진국이 되겠느냐고 걱정할 필요는 없다. 왜냐하면 성경은 아담 스미스의 국부론(國富論)도 아니며 마키아벨리의 군주론도 아니기 때문이다. 또한 인간들이 유사 이래 문명의 발달이랍시고 경제적 풍요랍시고 이루어 놓은 것이 무엇인가. 우리가 발달이라고 생각하는 모든 역사는 오히려 퇴보며 우리가 건설했다고 생각하는 문명은 오히려 자연의 파괴가 아니었던가.

더 가지려는 마음 즉 탐심은 무언가 부족하다는 인식에서 출발한다. 하나님이 세상을 창조하실 때 세상에 부족한 것이 있었던가. 사람이 세상 사는데 자동차며 컴퓨터며 전화, 기차, 전기, 시계, 피아노, 다이아몬드 등이 무엇 때문에 필요한가. 사람들은 이런 것들이 없더라도 얼마든지 잘 살 수 있다. 하나님이 만든 세상은 우리가 사는데 아무런 부족함이 없도록 설계되었다. 탐심이 우상숭배라는(골3:5), 사도 바울의 지적은 여기에 그 원인이 있다. 하나님이 만든 세상만 가지고는 부족해서 못살 것 같은 마음이 곧 탐심이요, 거기서부터 하나님 아닌 우상을 찾는 마음이 유래하기 때문이다.

인류의 종말은 하나님의 심판 때문이 아니다. 오히려 인간들의 탐심이 만들어 놓은 온갖 물질문명이 그 종말을 재촉하고 있다. 자동차가 없었더라면 그렇게 빨리 이곳저곳을 다닐 필요도 없었을 텐데 결국 인간들의 탐심의 결과인 자동차는 모든 생명의 근원인 대기의 신선함을 우리로부터 빼앗아 가고 있지 않는가. 뿐만 아니라 자동차 때문에 우리가 빼앗기는 '시간'은 (절대로 시간의 절약이 아니라 낭비다) 우리로 하여금 우리 내면의 소리를 듣지 못하게 한다.

결국 인간 탐심의 산물인 문명은 하나님과 어울려 살도록 되어 있는 우리로 하여금 사람들과 어울리지 않으면 살 수 없는 거대한 성(城)을 쌓아온 셈이다. 전화라는 것도 그런 것 중의 하나인데 사람들은 자기들끼리의 신속한 의사소통을 위해서는 전화를 가설할 줄 알면서 하나님의 소리를 듣기 위한 전화는 아예 관심조차 두지 않는다. 예수를 찾고 교회에 나간다고 해결되는 문제가 아니다. 왜냐하면 본문의 어리석은 부자 ― 유업을 나눠주지 않은 형의 동생 ― 처럼 예수 앞에 가서 자기 형의 재산이나 나누어 달라고 부탁(기도)을 하는 신앙이 대부분이기 때문이다. 하나님 앞에 하는 기도의 대부분이 하나님과의 의사소통에 필요한 전화를 신청하는 것이 아니라 인간 사회의 전화기를 부탁하는 것이기 때문이다.

이러한 상황을 두 눈으로 보신 예수의 탄식이 21절이다. '자기를 위하여 재물을 쌓아두고 하나님께 대하여 부요치 못한 자'란 말의 의미는 돈 벌어서 자신과 자신의 가족들만 먹여 살린 구두쇠를 지칭하는 말이 아니다. 이 말은 자기 자신의 관심사에 대하여는 부요하면서 하나님의 관심사에 대하여는 무관심한 사람들을 향한 외침이다. 하나님을 찾는 사람이냐 아니냐를 묻는 물음이 아니라 하나님을 왜 찾느냐는 물음이다.

자기 관심사를 위하여 하나님을 찾는 사람이 곧 자기를 위하여 재물을 쌓는 자이다. 국회의원이 되어야겠는데 교회의 도움이 필요해서, 병을 고쳐야겠는데 하나님의 도움이 필요해서, 돈을 좀 벌어야겠는데 예수의 인도하심이 필요해서, 나아가 천국을 좀 가야겠는데 역시 예수의 도움이 필요해서 하나님께 나아온다면 우리는 본문이 지적하는 어리석은 부자다. 실제로 재물을 많이 가져서 부자가 아니라 하나님이 관여하실 여지가 없어서 부자란 말이다. 하나님께 대하여 부요하다는 표현을 '자신의 재물'을 갖다 바치는 것으로 이해하는 그 마음이 부자다.

하나님은 우리의 재판장이나 물건 나누시는 분이 아니다(14절). 그것들은 우리들 스스로 판단하고 처리할 문제들이다. 그러나 우리가 우리의 탐심 때문에 그것들을 정리하지 못하고 거기에 얽매어 끌려가는 삶을 살 때 하나님은 우리의 물건 나누는 일에도 관여하신다. 그 구체적인 사역이 바로 20절 '어리석은 자여 오늘밤에 네 영혼을 도로 찾으리니, 그러면 네 예비한 것이 뉘 것이 되겠느냐'다. 스스로 대답해 보자. 과연 오늘밤에 내 영혼을 하나님이 찾으시면 내가 예비한 모든 것은 누구 것이 되는가. 아내의 것이 되는가. 아니면 자식들의 것이 되는가. 어쨌거나 '나의 것'은 아니다. 그 말은 결국 내가 나의 인생을 산 것이 아니라 아내의 인생, 자식들의 인생을 살았다는 말에 다름 아니다. 그러면 나의 인생은 어디 있는가. '나의 것'은 무엇인가.

그래서 '어리석은' 부자다. 재물이 자기의 것이 아니었던 것처럼, 자기 아내나 자식들의 것도 아니다. 왜냐하면 그들에게도 그들의 하나님이 그 물건을 나누실 때에 하나도 자기 것으로 챙길 능력이 없기 때문이다. 그것은 이 땅에 사는 오고가는 수많은 세대를 향한 하나님의 선물이다. 누리며 살다가 다른 사람들에게 인계할 것들이지 결코 '나의 소유'가 아니다. 그럼에도 불구하고 그것들이 영원히 나의 것인 양 매여 있는 우리가 바로 본문의 동생이요, 곧 어리석은 부자 아닌가.

물건 나누는 일에까지 꼭 하나님으로 하여금 개입하게끔 할 것인가. 인간이 그 정도로 무능력한가. 왜 내가 해야 하는 일은 하나님께 미루면서 하나님이 하시는 일 — 구원, 영생 등 — 에 대하여는 내가 해야 하는 일인 양 이토록 혈안들인가.

18

무엇이
우리의 것인가

눅18:28-30

베드로가 여짜오되 보옵소서
우리가 우리의 것을 다 버리고
주를 좇았나이다.
이르시되 내가 진실로 너희에게 이르노니
하나님의 나라를 위하여
집이나 아내나 형제나 부모나 자녀를 버린 자는
금세에 있어 여러 배를 받고
내세에 영생을 받지 못할 자가 없느니라.

본문이 등장하게 되는 배경은 다음과 같다. 즉 어떤 관원이 예수께 와서 질문을 한다.

관원: 내가 무엇을 하여야 영생을 얻으리까?

예수: 네가 계명을 아느니라.

관원: 계명은 내가 어려서부터 다 지켰습니다.

예수: 그렇지만 아직 네게 한 가지 부족한 것이 있다. 네게 있는 것을 다 팔아 가난한 자들에게 나눠 주라, 그리하면 하늘 보화가 네게 있을 터인데 그리고 와서 나를 쫓으라.

이 말을 들은 관원이 어떤 행동을 취했는지는 우리가 잘 안다. 즉 이 말씀을 듣고 심히 근심하게 되는데 뒤를 잇는 주님의 말씀은 '부자가 하나님의 나라에 들어가는 것보다 약대가 바늘 귀로 들어가는 것이 더 쉽다'고 하신다. 그런데 이 대화를 들은 제자들의 탄식이 재미있다.

　　제자: 그런즉 누가 구원을 얻을 수 있나이까?
　　예수: 무릇 사람의 할 수 없는 것을 하나님은 하실 수 있느
　　니라.

　여기까지가 본문인 베드로 고백의 배경이 되고 있다. 이런
배경을 감안하여 '우리가 우리의 것을 다 버리고 주를 좇았나
이다'고 고백하는 베드로의 심중을 유추해 보자.
　주님의 말씀인즉, 사람이 계명을 어릴 때부터 지킨다고 영생
을 소유하게 되는 것이 아니라 오히려 자기 소유를 다 팔아 가
난한 자들에게 나눠주고 주님을 따라야 영생을 소유하게 된다
는 것인데, 이 말씀을 들은 사람들이 모두 '그렇다면 누가 구원
을 얻을 수 있겠는가' 하고 절망한다.
　그러나 베드로는 절망할 필요가 없었다. 왜냐하면 그는 이미
자기에게 있던 모든 것을 버려두고 예수를 좇았기 때문이다(눅
5:11). 그렇기 때문에 주님이 더욱 자랑스러웠고 그런 주님을
따르고 있는 자신에 대해서도 한없는 자부심과 애정을 가질 수
있었다. 그래서 '부자가 천국에 들어가는 것보다 약대가 바늘귀
로 들어가는 것이 더 쉽다'는 주님의 말씀에 절망하여 '그런즉
누가 구원을 얻을 수 있느냐'고 탄식하는 (오늘날은 이런 절망
과 탄식도 없지마는) 관중들 앞에 보란 듯이 끄집어 내놓은 자
기 의(義)가 바로 본문이다.

'보옵소서. 우리가 우리의 것을 다 버리고 주를 좇았나이다.'

얼마나 자랑스러운 신앙고백인가. 독자 여러분은 과연 이 베드로 같은 고백을 할 수 있는가. 베드로는 베드로고 우리는 우리인가. 아니면 우리가 곧 베드로고 베드로가 곧 우리인가.

그러나 나는 이러한 베드로의 고백에 시비를 걸고 싶다. 베드로처럼 고백도 할 수 없는 자가 괜히 배가 아파서 집적거리는 투서가 아니다. 베드로가 이런 고백을 하는 배경에서부터 베드로의 심중에 깊이 자리 잡고 있었던 '숨겨진 불씨'는 끝내 그로 하여금 자기가 그처럼 버렸다고 생각했던 배와 그물에게로 다시 돌아가게 했으며(요21:3), 또한 다른 사람은 다 주를 버릴지라도 자기는 그러지 않고 주를 따르겠다(막14:29)고 고백한 그 주님으로부터 다시금 '너는 나를 따르라'(요21:22)는 말씀을 듣게 하는 장본인이 되고 있기 때문이다.

무엇이 '숨겨진 불씨'인가.

베드로가 버린 '우리의 것'은 과연 무엇인가.

배, 집, 그물, 아내, 형제, 부모, 자녀 등이 그가 초개같이 버린 '그의 것'인가.

배가 자기 것인가.

아내가 자기 것인가.

아니면 자녀들이 자기 것인가.

무엇이 '버려야 할' 자기 것들인가. 아니, 그렇다면 배가 베드로의 것이 아니었냐고, 아내도 그의 아내가 아니었냐고, 무슨 증거로 그런 소리를 하느냐고 반문하실 것이다.

그렇다. 본문의 문제는 바로 이 점이다. 배나 집, 아내나 부모, 자녀 등이 자기 것인 사람은 자기가 버려야 한다. 본문의 배경 설명에서 등장한 어떤 관원은 그에게 있는 모든 것들이 '그의 것'이었다. 따라서 그는 그의 것들을 버릴 수 없었기 때문에 심히 근심했고, 이 광경을 지켜본 사람들도 '그렇다면 아무도 구원 얻을 사람이 없다'고 되뇌고 있는데, 즉 사람으로서는 자기 것들을 버릴 수 없다는 명제 앞에 한숨을 쉬고 있는데, 우리의 베드로는 '나는 했습니다.'고 외치고 있으니 어느 쪽이건 한쪽은 잘못 생각하고 있다고밖에 볼 수 없다.

버려야 할 '자기 것'은 집이나 아내나 자녀가 아니다. 분명히 주님은 집이나 아내나 자녀 등을 버린 자는 금세에서도 여러 배를 받겠고 내세에서도 영생을 소유하리라고 말씀하고 있지만, 이건 어디까지나 집이나 아내나 자녀 등이 '자기 것'인 사람들에게 하는 말씀이다. 집이나 아내가 자기에게 있느냐 없느냐의 문제가 아니다. 그것들이 누구의 것이냐에 문제가 있다. 우주에 존재하는 삼라만상이, 그리고 거기서 나온 모든 재물이 과연 누구의 것인가. 사람이 자기 땅이라고 등기부 등본 들이대며 말뚝 쳐서 지어놓은 집은 과연 누구의 것인가. 하물며 나와 같이 살고 있는 아내의 생명은 누구 것이며 하나님이 내게 주신 선물이라고 주장하는 우리의 자녀들은 과연 누구 것인가.

그러면 우리 것은 아무것도 없는가. 아니다. 우리는 분명히 우리 것을 가지고 있다. 천지만물과 그 안에 있는 모든 생명이 모두 여호와 하나님 것임에도 불구하고, 우리에게 주어진 모든 것들은 하나님께서 우리에게 잠시 맡겨주신 것들임에도 불구하고 그러한 것들이 원래부터 우리 것이고 영원토록 우리 것인 양 생각하는 그 어처구니없는 '생각'만 우리 것이다.

집을 버릴 일이 아니다. 집이 내 것이라는 생각을 버려야 한다. 마찬가지로 내 아내, 내 자녀, 내 형제, 내 부모라는 생각이 없어져야 한다. 궁극적으로는 나의 생명, 호흡, 나의 육체까지도 '내 것'이라고는 털끝만큼도 없다는 사실 앞에 겸손해야 하겠다.

본문의 베드로나 그 배경이 되고 있는 어떤 관원은 모두 그들에게 주어진 하나님의 선물들, 곧 재물이나 아내나 자녀 등이 자기에게 잠시 맡겨진 것이라는 점을 잊고, 영원히 자기 것인 양, 버릴 수 있다느니 없다느니 운운하고 있었던 셈이다. 이 생각이나 혹은 이미 버렸으므로 이제 금세에서도 여러 배를 받으리라는 약속이 어서 이루어졌으면 하고 바라는 심보야말로 버려야 할 '자기 것'이다.

그래서 사도 바울도 고린도전서 7장 29절 이하에서 '이후부터 아내 있는 자들은 없는 자 같이 하며, 기쁜 자들은 기쁘지 않는 자 같이 하며, 매매하는 자들은 없는 자 같이 하라'고 권면하고 있다. 왜냐하면 이 세상의 모든 형적은 자기 것이 아니기 때문이다. 그러므로 이제 집도 아내도 자녀도 자기 것이 아닌 사람은 버릴 집이나 아내나 자녀가 없어진 것과 같다. 버리지 않으면 안 되는 집이나 아내를 가지고서는 사람으로서는 아무도 하나님 나라에 들어갈 수 없다. 집과 아내, 자녀 등이 자기에게 있음에도 불구하고 자기 것이 아니기 때문에 버릴 필요가 없다는 사실 — 이것은 확실히 '자유'다.

그러나 그럼에도 불구하고 여전히 문제는 남아 있다. 집이나 아내, 자녀 등이 자기 것이 아니라는 생각이 들었다고 해서 버릴 집이나 아내가 없어지는 것은 아니기 때문이다. 내 집이 아니고 내 아내가 아니라고 간주해 버릴 문제가 아니라 실제로 그렇게 살아야 한다.

사업이 있지만 그건 내 사업이 아니다. 나는 단지 고용된 월급쟁이에 불과하다. 월급쟁이는 장사가 얼마나 잘 되느냐에는 별 관심이 없다. 그저 적당히 봉급 받는 만큼만 일거리가 있으면 된다. 사업이 잘 되어도 그만, 못 되어도 그만이다. 왜냐하면 주인은 하나님이고 하나님은 결코 파산하는 일이 없기 때문이다. 그저 세월만 흐르면 월급은 줄 것이고 나는 내 실속만 차리면 되는 것이다.

아마 모르긴 해도 이런 사고방식으로 세상을 살다간 얼마 못 가서 거의 빈털터리가 되기 십상이다. 그렇다. 이래가지고는 세상의 생존경쟁에서 이길 수가 없고 따라서 자동적으로, 있던 집도 없어지고 땅에서는 외국인과 나그네 같은(히11:13) 삶을 살 수밖에 없을 것이다.

예수 그리스도를 십자가에 못 박았을 때 일견 보기엔 세상이 승리한 듯이 보이지만 실상은 그 반대였듯이 우리도 마찬가지다. 어차피 내 것이 아니었던 '나의 집'이 없어지는 동안 그것과 정비례로 좀도 먹지 아니하고 동록도 해하지 아니하는 영원한 보물이 '나의 것'으로 하늘나라 등기부 등본에 기록되어 있기 때문이다.

그래서 금세에서도 여러 배를 받는다. 그 '여러 배'를 집이나 아내나 자녀의 여러 배라고 바랄 일이 아니다. 왜냐하면 그것들은 여러 배를 받아 봤댔자 다시 '버리지 아니하면'의 대상이 되는 나의 소유가 되기 때문이다. 주님께서 주시겠다는 '여러 배'는 본문의 배경이 되는 관원과의 대화에서 나오는 하늘에 있는 보화(θησαυρὸν ἐν τοῖς οὐρανοῖς, 테사우론 엔 토이스 우라노이스)다. 바로 금세를 살면서도 하늘 보화를 여러 배 받겠다는 말씀이다.

이 부분의 번역만 해도 그렇다. 즉 원어의 엔 토이스 우라노이스(ἐν τοῖς οὐρανοῖς)는 본문의 번역처럼 '하늘에서'라고도 할 수 있지만, 역시 '하늘에 있는' 혹은 '하늘적인'으로도 번역할 수 있다. '하늘에서'라고 번역한 사람들은, 그 보화를 금세에서는 소유할 수 없는 것이고 오직 내세에 가서나 누릴 수 있다는 생각에서 그렇게 번역했음이 틀림없다. 소위 말하는 죽어 하늘나라에 가서나 그런 보화를 갖기를 원하시는가. 주님은 바로 그 보화를 금세에서도 '여러 배' 주시겠다고 말씀하신다.

독자 여러분, 어차피 없어질 '남의 것' 때문에 사시려는가. '우리 것'에 관심을 가져야 할 때가 아닌가. 누가복음 16장 12절은 다음과 같이 적고 있다.

너희가 만일 남의 것에 충성치 아니하면 누가 너희 것을 너희에게 주겠느냐.

그러면 어떻게 하는 것이 남의 것에 충성하는 지혜로운 행동

이 되겠는가. 지혜가 여기 있으니 곧 우리 인간 세상의 윤리로
는 턱도 없는 발상일 수밖에 없는 불의한 청지기의 지혜다 (눅
16:1-13).

우리가 세상에 아무것도 가지고 온 것이 없으매 또한 아무
것도 가지고 가지 못하리니 우리가 먹을 것과 입을 것이 있은
즉 족한 줄로 알 것이니라. 부하려 하는 자들은 시험과 올무와
여러 가지 어리석고 해로운 정욕에 떨어지나니 곧 사람으로
침륜과 멸망에 빠지게 하는 것이라. 돈을 사랑함이 일만 악의
뿌리가 되나니 이것을 사모하는 자들이 미혹을 받아 믿음에서
떠나 많은 근심으로써 자기를 찔렀도다 (딤전6:7-10).

우리는 이 말씀을 말로 믿는가. 아니면 삶으로 믿는가.

19

깨끗함과 구원

눅17:11-19

그중에 하나가 자기의 나은 것을 보고

큰 소리로 하나님께 영광을 돌리며 돌아와

예수의 발아래 엎드려 사례하니 저는 사마리아인이라.

예수께서 대답하여 가라사대

열 사람이 다 깨끗함을 받지 아니하였느냐,

그 아홉은 어디 있느냐.

이 이방인 외에는 하나님께 영광을

돌리러 돌아온 자가 없느냐 하시고

그에게 이르시되 일어나 가라

네 믿음이 너를 구원하였느니라 하시더라.

불치의 병으로 사경을 헤매다가 하나님의 은혜로 기적적인 나음을 입었다는 사람들의 간증을 우리는 자주 접하게 된다. 뿐만 아니라 그럴 때마다 이러한 문제를 과연 어떻게 해석해야 할지를 궁금해 하는 분들도 꽤 많이 있다. 이런 분들의 궁금증은 크게 두 가지로 요약된다.

그 하나는 '과연 이러한 은혜가 하나님께로부터 온 것인가' 하는 것과 또 다른 하나는 '그러면 병 고침의 은사를 받은 사람은 과연 하나님을 믿는 사람, 즉 구원 받은 사람인가' 하는 것이다.

본문은, 물론 다른 의미들을 더 많이 함축하고 있지만, 이러한 궁금증에 대하여 명쾌하고도 분명한 대답을 제공하고 있다고 하겠다. 본문의 주인공들인 열 명의 문둥병자들은 확실히 불치의 병을 스스로의 육체에 가지고 산 사람들이다. 이들은 모두 모세의 율법에 의해 성 밖에서 혼자 살아가야 하는(레위기 13

장) 사회의 소외 계층이요, 현대의 의학으로도 완치가 불가능한, 인간적인 면에서 매우 불행한 사람들이었다.

그런데 어느 날 이들은 예수를 만난다. 그리고 그의 긍휼을 구한다. 예수는 그들에게 은혜를 베푸시고 '가서 제사장들에게 너희 몸을 보이라'고 말씀하신다. 왜냐하면 제사장들이 문둥병 자들의 몸을 보고 정결하다고 인정해야만 성 안에서 부모 형제와 함께 살 수 있기 때문이다.

이 말씀을 들은 문둥병자들은 모두 주님의 말씀에 순종한다. 이것은 대단한 믿음의 행위다. 즉 우리가 열왕기하 5장에 나오는 문둥병자 나아만 장군의 일화에서도 알 수 있는 것처럼 아무런 치료 행위를 하지 않고 다만 가서 제사장에게 네 몸을 보이라고 말씀만 하고 계시는 주님의 명을 따른다는 것은 사실 이만저만한 믿음의 행위가 아닐 수 없는 것이다. 우리의 일반적인 생각으로는 하다못해 상처부위에 안수라도(?) 하고, 위하여 기도라도 해주면 나으리라는 믿음을 가질 수도 있겠지만, 본문의 주님은 전혀 다른 행위를 하지 않은 상태에서 '가서 제사장에게 몸을 보이라'고 하시며 또 열 명의 문둥병자들은 그 말씀에 순종하고 있는 것을 보면 이들 문둥병자들의 믿음을 짐작할 수 있다.

옛날의 나아만 장군은 이 정도의 믿음이 아니었다. 하나님의 사람 엘리사와 나아만의 대화를 보자.

'너는 가서 요단강에 몸을 일곱 번 씻어라'
'내 생각에는 저가 내게로 나아와 서서 그 하나님 여호와의 이름을 부르고 당처(當處)위에 손을 흔들어(안수하여) 문둥병을 고칠까 하였도다. 다메섹 강 아마나와 바르발은 이스라엘 모든 강물보다 낫지 아니하냐. 내가 거기서 몸을 씻으면 깨끗하게 되지 아니하랴'(왕하5:10,11).

사실 이 정도 이야기가 보통사람들의 정상적인 사고방식이다. 물론 여기서도 나아만 장군은 그 종들의 지혜로운 충고 덕분에 마음을 고쳐먹고 하나님의 사람 엘리사의 말에 순종하여 그 문둥병을 고치긴 하지만, 아무런 치료나 기도나 안수 행위 없이 별로 깨끗하지도 않은 요단강물에 몸을 담그기까지에는 적지 않은 고민이 있었을 것이다.

사안(事案)이 이럼에도 불구하고 본문의 문둥병자 열 명은 약속이나 한 듯이 나아만 장군 같은 불평 한 마디 없이 주님의 능력과 말씀을 믿고 제사장들을 향하여 출발한다. 이를 두고 어찌 문둥병자들의 믿음을 칭찬하지 않을 수 있겠는가.

그래서 이들 열 명의 문둥병자들은 본문의 기록대로 제사장들에게 가는 도중에 모두 깨끗함을 받는다. 그렇다면 이들에게 임한 축복과 은혜는 누구로부터 온 것인가. 말할 필요도 없이 하나님께로부터 온 것이다. 인간의 기술이나 능력에서 온 것이 아니란 말이다. 이 말은 그들이 은혜를 받을 수 있었던 것이 말씀을 믿었기 때문도 아니며, 주님의 말씀에 순종했기 때문도 아니며 단지 하나님의 은혜로 그들이 나음을 입은 것이라는 말이다. 여기서 어감의 차이에 주의하길 바란다. 기도했기 때문에, 믿었기 때문에, 순종했기 때문에 은혜가 주어졌다면 그것은 이미 은혜가 아니다. 물론 기도할 수 있고 믿을 수도, 순종할 수도 있지만 그러한 것들이 조건이나 원인이 되어서 은혜가 주어지는 것은 아니라는 말이다.

확실히 이들 문둥병자에게 임한 은혜는 주님으로 말미암아서다. 여기 재론의 여지가 있을 수 없다. 그렇다면 앞에서 제기했던 첫 번째 궁금증은 해결이 된 셈이다. 분명히 이들은 주님을 믿었고, 주님은 인간으로서는 도저히 고칠 수 없는 그들의 병을 고쳐주셨다. 그렇다면 이들은 모두 구원 받은 사람인가. 애석한 점은 깨끗함은 열 사람 모두 받았지만(17절) 구원은 이방 사마리아인 한 사람만 받았다(18-19절)는 점이다.

어째서 그럴까. 이 점을 간과하면 우리는 정작 중요한 것을 놓치고 쓸데없는 일에 관심을 기울이기 십상이다. 하나님의 선물, 하나님의 은혜를 받았다고 그것이 곧 우리의 구원은 아니다. 깨끗함이라는 은혜를 받음에도 분명히 믿음의 요소가 작용하지만, 그러한 믿음으로 구원도 받을 수 있다고 생각한다면 그것은 오산이다. 하나님은 불의한 우리 인간들과는 사뭇 달라서 당신의 해를 악인에게도 비추시며 선인에게도 비추시고, 의로운 자나 불의한 자나 관계치 않으시고 비를 내리시는 분이다 (마 5:45).

천지만물을 하나님이 창조하셨다고 확실히 믿으시는 독자 여러분! 햇빛과 단비를 받아 그것으로 인하여 즐거운 인생을 영위하는 것은 누구의 은혜인가. 오늘도 산소를 호흡하고 살 수 있는 것은 또 누구의 선물인가. 이 모든 것이 분명히 하나님의 극진하신 보호하심과 섭리하심의 은혜일진대, 그렇다면 이런 은혜를 받은 지구상에 사는 모든 인간들은 모두 하나님을 믿어 구원에 이른 사람들인가. 아니라면 불치의 병을 고침 받은 은혜와 햇빛과 단비를 받아 우리가 사는 은혜는 서로 그 질이 다른 것인가. 병 고침을 받은 것은 하나님의 은혜고 병 없이 건강하게 살아가는 것은 하나님의 은혜가 아닌가.

인간적인 표현을 빈다면 불치의 병을 고침 받은 것은, 그러한 병에 걸리지 않고 사는 것에 훨씬 못 미치는 은혜다. 그러므로 건강한 삶이 하나님의 은혜로 느껴지지 않았던 사람은 아무리 불치의 병을 고침 받았다고 하더라도, 그래서 그것이 하나님의 은혜인 줄 깨달았다 하더라도, 그래서 이제부터는 하나님만 섬기고 위하여 살겠노라고 다짐하더라도, 그것은 구원에 이르게 하는 믿음과는 거리가 먼 것이다.

무엇이 이방 사마리아인으로 하여금 구원에 이르게 한 믿음인가. 이것을 모르고, 이러한 삶을 살지 못하면 우리는 하나님을 믿고 예수를 믿어 병 고침은 받았을지 모르지만 구원과는 거리가 멀다.

구원 받은 사마리아인의 행동을 보자. 15절을 보면 '그 중에 하나가 자기의 나은 것을 보고 큰 소리로 하나님께 영광을 돌리며 돌아와 예수의 발아래 엎드려 사례했다'고 되어 있다. 여기 이 사마리아인의 행동을 당연한 것으로 여기지 않았으면 한다. 왜냐하면 그의 문둥병을 낫게 한 분인 예수의 명령은 그런 것이 아니었기 때문이다. 분명히 주님의 명령은 '가서 제사장들에게 너희 몸을 보이라'고 하셨다. 그렇게 본다면 이 사마리아인은 주님의 명령을 지킨 것이 아니고 오히려 어겼다고 할 수 있다. 그리고 나머지 아홉 명은 기록은 되어 있지 않지만 주님의 말씀대로 이행했으리라고 쉽게 짐작할 수 있을 것이다.

그렇다면 잘했다고 칭찬받을 사람은 돌아온 한 문둥병자가 아니라 주님의 말씀대로 가서 제사장들에게 몸을 보이고 깨끗한 몸으로 성중에서 하나님을 찬양하며 자기에게 임한 하나님의 은혜를 증거하며 살아갔을(문둥병을 고침 받고 이렇게도 못 살았다면 아마 그런 사람은 정상적인 인간이 아닐 것이다) 아홉 문둥병자다. 그런데, 그럼에도 불구하고 구원이라는 선물은 왜 주님의 명령을 어기고(?) 돌아온 문둥병자에게 주어진 것일까.

돌아왔다는 것을 단순히 인간적인 감사와 인사 차원에서 보지 말기 바란다. 더더구나 '치료비' 차원의 헌금을 내기 위하여 왔다고도 생각지 않았으면 좋겠다. 왜냐하면 이 이방 사마리아인이야말로 가장 정확하게 가장 온전한 제사장 앞으로 나아왔기 때문이다. 다른 아홉은 율법으로 말미암아 세워진 약점을 가진 제사장을 향해 갔지만(히7:28), 그래서 이들은 매일 서서 섬기며 자주 같은 제사를 드려도 언제든지 죄를 없이하지 못하는 제사장(히10:11)에게로 가서 자기들의 몸을 보였지만 이 사마리아인 문둥병자는 율법 후에 하신 맹세의 말씀으로 말미암아 세워지신 제사장(히7:28), 곧 죄를 위하여 한 영원한 제사를 드리심으로(히10:12) 다시는 죄를 위하여 제사 드릴 것이 없게 만드신(히10:18) 온전한 대제사장(히5:9)앞으로 와서 자기 몸을 드렸기 때문이다.

이 사실을 보게 하고 깨닫게 하여 그로 하여금 주님 앞으로 돌아오게 한 주체가 바로 '그의 믿음'(19절)이다. 우리로 하여금 구원을 선물로 받게 하는 믿음은 바로 이런 믿음이다.

그러므로 이런 믿음이 없으면 모두 병이 나았다는, 깨끗함을 입었다는 그 한 가지 사실에 도취하여 세월 가는 줄 모르고 살다 가게 되는 것이다. 이것이 곧 실족(눅17:1)의 지름길이다. 깨끗함은 그것으로 말미암아 구원으로 나아가게 하는 경우에만 의미가 있다. 그렇지 않으면 오히려 병 낫지 아니함만 못하다. 왜냐하면 깨끗함을 구원으로 오인하여 영영 구원의 기회를 갖지 못하기 때문이다.

이스라엘 백성이 사백 년 동안 애굽에서 종살이 하다가 하나님의 은혜로 출애굽 하게 되었을 때 이들이 모두 가나안으로 직행하지 못하고 광야에서 죽는 이유 중 하나가 이것이다. 하나님의 목적지는 가나안이었지 홍해를 건너는 것이 아니었다.

그러나 그럼에도 불구하고 오늘날 상당수의 기독교인들이 이러한 어리석음을 범하고 있다. 이스라엘 민족이 하나님의 은혜로 홍해를 건넌 것과 같이 신나고 화끈하며 가슴 뭉클한 신앙의 체험을 가지고서 홍해 해변에 천막치고 앉아 먹고 마시고 놀고 있는 것이다.

하나님께서 누구에게 노하셨는가(히3:16). 과연 누가 광야에서 가나안에 입성하지 못하고 멸망당했는가. 그렇게 놀고 있어도 하나님은 사랑이시니까 능히 우리를 가나안 땅으로 인도해 가시리라고 믿는가. 사랑이 바뀌어서 질투가 되고 사랑의 배신이 격노로 나타난다는 사실을 기억해야 한다.

그리고 더 이상 몇몇 가지 하나님의 외적(外的)인 은사를 받았다고 그것이 곧 구원인양, 그것이 곧 안식이며(히4:10) 영생인

양(요17:3) 착각하지 않았으면 좋겠다. 예수 그리스도께서 우리에게 일러준 말로(본문의 문둥병자에게 하신 '가서 제사장들에게 너희 몸을 보이라'는 말) 이미 깨끗하여졌으면, 이제는 그분 안에 거하자(요15:3-4). 여기서도 깨끗함이 목적이 아니며 거함이 목적이다. 열매도 목적이 아니다. 열매는 그 거함의 단순한 결과일 뿐이다. 그래서 그리스도는 머리요 우리는 그의 몸인 교회의 상태, 즉 물로 씻어 말씀으로 깨끗하게 하사 거룩하게 하시고 자기 앞에 영광스러움으로 세우시는(엡5:26-27) 교회의 상태로 매일 매일을 살아가자.

20

용서할 것인가
용서 받을 것인가

마6:14-15

너희가 사람의 과실을 용서하면

너희 천부께서도

너희 과실을 용서하시려니와

너희가 사람의 과실을

용서하지 아니하면

너희 아버지께서도

너희 과실을 용서하지 아니하시리라.

대부분의 사람들에게 있어 이런 종류의 말씀은 심적 부담이 된다. 도덕이나 윤리 같은 행위 규범들을 사람들이 강조하는 이유는, 사람들이 그만큼 비도덕적이라거나 비윤리적이어서가 아니다. 오히려 그 반대다. 즉 인간들은 스스로들 도덕적이고 싶고 또한 윤리적이고 싶기 때문에 도덕적이고 윤리적인 모든 것들을 좋아한다. 실제로 자기가 그렇게 살지 못하더라도, 그래서 그러한 말씀들이 자신을 억누르는 짐으로서 작용한다고 해도, 인간이라면 마땅히 그렇게 살아야 한다는 당위성 때문에, 과연 그 당위성이 참이냐 하는 명제는 돌아볼 필요조차 느끼지 못한다.

　　성경의 모든 말씀들이 대부분 오해되고 곡해되는 원인이 여기에 있다. 자기가 가지고 있는 '삶의 당연한 원칙들'로서 성경 말씀을 재단하고 있기 때문이다. 성경은 이것을 가리켜 '죄'라고 부른다. 정상적인 위치, 각자 있어야 할 자기 처소를 지키지 아니하고 자기 자리를 떠난 것(유1:6)이 죄지, 결코 용서해야 하는데 용서하지 못한 어떤 죄행(罪行)을 일러 죄라 하지 않는다. 말씀이 우리 삶의 당연한 원칙들을 재단해야 한다. 다시 말해서 우리가 가지고 있는 아름다운(?) 어떤 원칙들 — '다른 사람의 과실을 용서해 주는 것이 훌륭한 인격이다' 는 등의 — 로서 본문의 말씀을 설명하려고 해서는 곤란하다. 왜냐하면 이것은 성경을 읽는 모든 사람들(우리를 포함해서)을 예수가 생각하는 '너희'의 범주에 당연히 끼워주고 있기 때문이다.

잘못 배달된 연애편지를 붙잡고 황홀지경에 빠져있는 사람들이 의외로 많이 있다. 이럴 때 느끼는 고통은 과연 저 황홀한 착각을 깨뜨리는 것이 옳으냐 아니면 나중에 남가일몽으로 밝혀지건 말건 그때까지나 행복하도록 수수방관하고 자기 할 일이나 할 것이냐 하는 문제다. 참으로 이럴 수도 저럴 수도 없는 난처한 문제가 아닐 수 없다.

예수는 과연 누구를 향하여 '너희'라고 말씀하셨던가. 이것부터 알고 그 다음 말씀에 귀 기울이자. 그래야 과연 내가 남을 용서해 주어야 하는 사람인지, 아니면 오히려 다른 사람으로부터 용서 받아야 하는 사람인지를 알게 된다. 채권자가 채무자의 빚을 탕감할 수 있는 것이지 채무자가 채권자에게 '당신은 내게 빚을 갚지 않아도 좋습니다.'라고 할 수 있는가. 말도 안 되는 소리다. 그럼에도 불구하고 사람들은 용서 받는 것보다 용서하는 것을 좋아한다. 사실은 용서 받는 것이 용서하는 것보다 훨씬 쉬운 일인데도 말이다.

왜 이렇게 되었는가. 왜 채무자가 채권자 행세를 하고 있는

가. 남에게 빌려줄 돈도 없고 마음도 없으면서, 자기도 굶는 형편에 어쩌자고 빌려줄 궁리만 하고 있는가. 할 수 있는 일을 해야 할 것 아닌가. 이렇게 전도된 위치, 뒤바뀐 행위를 일컬어 죄라고 한다. 다시 말해서 돈을 빌려 주지 않는 것이 죄가 아니라, 빌려 줄 처지가 아닌 사람이 빌려 주지 못해 안달하는 것을 죄라고 한다.

히브리서 6장 1절은 이런 어리석음에 대한 안타까움이다. '그러므로 우리가 그리스도 도의 초보를 버리고 죽은 행실을 회개함과 하나님께 대한 신앙 등에 관한 교훈의 터를 다시 닦지 말자'는 것은 무일푼이 아무리 다른 사람에게 돈을 빌려 주려고 노력한다 해서 그렇게 될 수 있는 일이 아니므로 그 노력을 그치자는 말씀이다. 그러나 사람들은 천성이 그렇게 노력하는 것을 좋아한다. 이는 죄를 사랑한다는 뜻이다. 이웃 사랑을 내 몸 같이 못한다는 고백을 하면서도 내 노력으로 그렇게 해 보겠다는 의지와 집념을 가지고 산다. 꼭 그렇지는 않더라도 '그래야 한다'고 주장한다. 고아와 과부를 전심으로 돌아보지 않으면서 '그러나, 그렇게 살도록 노력해야 한다'고 말한다. 사랑할 수 없으면서도 사랑하기 위하여 노력해야 한다고 외친다.

할 수 없는 일을 하려고 노력하기 때문에 '죽은 행실'이다. 죽었다는 것은 자기 능력으로는 1m 아니 1cm도 움직일 수 없는 상황을 의미한다. 이렇게 스스로는 아무것도 할 수 없는 ─ 무엇인가를 할 수 있다는 것은 착각이다 ─ 시체가 마라톤 시합에 출전하려고 꿈을 야무지게 꾸고 있으니, 과연 이 꿈을 깨워야 옳은가.

예수의 '너희'는 누구인가. 성경을 읽는 사람 되었으니 이제는 너희인가. 교회 출석하여 세례 받고 헌금하니 너희인가. 아니면 신학을 공부하고 교회를 여러 개 개척, 부흥시켰으니 너희인가. 누가 과연 예수의 너희인가. 다른 사람의 과실을 용서해 주라고 요구받은 대상은 너희지 모든 세상 사람이 아니다. 그러기 때문에 이 말씀은 공자나 맹자의 가르침과는 본질적으로 다르다. 어느 쪽이 더 훌륭하다는 이야기가 아니라, 다만 서로 다르기 때문에 일반적인 관점으로 판단할 일이 아니라는 뜻이다.

예수의 '너희'는 성경 속에서 찾아진다. 예수는 지금 두 대상을 염두에 두고 말씀하신다. 즉 '저희'를 파악함으로써 그 상대적인 '너희'를 이해할 수 있다.

　　또 '너희'가 기도할 때에 외식하는 자와 같이 되지 말라 '저희'는 사람에게 보이려고 회당과 큰 거리 어귀에 서서 기도하기를 좋아하느니라 (마6:5).

그렇다. 분명히 하나님께 기도 하지 않는 자가 '저희'가 아니요, 회당(예배당)과 큰 거리 어귀(여의도 광장)에서 기도하기를 좋아하는 사람들이 바로 예수의 '저희'다. 여기 무슨 신학적인 설명이 필요한가. 어떤 궤변으로 '예수의 말씀하신 뜻은 그런 것이 아니다'라고 변박할 것인가.

우리가 아직도 회당과 큰 거리 어귀 같은 곳에서 기도하고자 하는가. 만일 그렇다면 우리는 예수의 '너희'가 아니라 오히려 '저희'다. 저희라면 사람의 과실을 용서해 주라는 말씀은 우리에게 배달된 편지가 아니라는 의미가 된다. 내게 배달된 편지도 아닌데 왜 그것 때문에 고민하고 있는가.

또 어떤 사람이 '저희'인가.

> 또 기도할 때에 이방인과 같이 중언부언하지 말라. '저희'
> 는 말을 많이 하여야 들으실 줄 생각하느니라. 그러므로 '저
> 희'를 본받지 말라. 구하기 전에 '너희'에게 있어야 할 것을
> 하나님 '너희' 아버지께서 아시느니라 (마6:7-8).

그리고 가르쳐주신 기도가 바로 '주기도문'이다.

옳다. 주기도문 외에 아직도 더 구할 어떤 것이 있다고 생각하고 그것을 하나님께 기도하고 있는 사람들이 바로 예수의 저희다. 한번 말씀드려서는 못 알아들으실 줄 생각하고 밤새도록 떠벌이고 울부짖는 사람들이 저희다.

한 가지 더 살펴보자.

> 금식할 때에 '너희'는 외식하는 자들과 같이 슬픈 기색을
> 내지 말라. '저희'는 금식하는 것을 사람에게 보이려고 얼굴을
> 흉하게 하느니라. 내가 진실로 '너희'에게 이르노니 '저희'는
> 자기 상을 이미 받았느니라 (마6:16).

맞다. 여기서도 예수의 저희는 금식을 하지 않는 사람들이 아니다. 하나님을 향하여 금식하되 그 금식을 사람들이 알아 버렸다면 그들이 곧 예수의 저희다. 이럼에도 불구하고 왜들 그렇

게 금식을 자랑스레 하는가. 모두다 자기들이 예수의 '너희'가 아니라는 방증이다.

본문은 예수의 '너희'들에 대한 말씀이다. '저희'들은 이 말씀에 참여할 자격이 없다. 그러므로 다른 사람의 과실을 용서해 줄 능력도 없거니와, 그러지 않아도 아무런 상관이 없다. 이들은 다른 사람들의 과실을 용서하지 않았기 때문에 멸망하는 것이 아니라 '너희'가 아니기 때문에 생명을 얻지 못한다.

예수의 '너희'는 용서가 무엇인지를 아는 사람들이다. 왜냐하면 이들은 자신들의 '과실'을 용서 받은 경험(삶)이 있는 사람들이기 때문이다. 이런 사람들만이 다른 사람들의 '과실'이 무엇인지 알 수 있고 또한 그들의 그러한 '과실'을 용서할 능력도 가진다. 이렇게 무엇이 과실인지도 알고, 또 용서할 능력도 가지고 있으면서, 그렇게 하지 않을 때 이것은 죄가 된다 (약 4:17). 예수는 지금 이런 '너희'들에게 '너희가 사람의 과실을 용서하면 너희 천부께서도 너희 과실을 용서하시려니와…'라고 말씀하신다.

이 말씀은 주기도문의 '우리가 우리에게 죄 지은 자를 사하여 준 것같이 우리의 죄를 사하여 주옵시고'라는 내용과 그 맥을 같이 한다고 볼 수 있다. 즉 주기도문의 내용을 뒤집어 놓으면 만일 우리가(아무리 예수 믿고 훌륭한 일을 많이 했다고 하더라도) 우리에게 죄 지은 자를 사하여 주지 아니하거든 우리 죄를 사하여 주지 않더라도 상관하지 않겠다는 의미다. 어떤 면에서 예수의 '너희'된 우리의 생명을 담보로 하는 무서운 말씀이기도 하다. 예수의 십자가에서 우리의 모든 죄가 사해졌다고 좋아하고 감사할 일이 아니다. 왜냐하면 우리는 매일같이 우리의 생명을 담보로 하는, 즉 우리의 죄를 사해 주지 않아도 아무 할 말이 없다는 기도를 줄곧 해오고 있기 때문이다. '악한 종아 내가 네 말로 너를 판단하노니'(눅19:22)가 우리를 향한 말씀일 수 있다.

그렇다면 예수는 왜 이러한 기도를 우리더러 하게 하셨으며 그 기도의 말미에 다시 한 번 본문의 말씀을 강조하셨던가.

우리 자신이 예수 그리스도의 십자가를 통한 우리 죄의 용서를 참으로 알고 있는지 스스로 시험해 보라는 뜻이다. 배워서 알고 있는 관념만의 용서가 아니라 우리의 삶이 되어 있는 용서인지 스스로 확인해 보라는 뜻이다. 예수가 아무리 우리 죄를 그의 십자가의 피로 용서했다고 하더라도 그 용서가 나의 삶이 되지 아니하면, 그것은 어디까지나 예수의 용서요 예수의 구원이지 나의 것이 될 수 없다. 따라서 이 말씀은 우리더러 '용서하라'는 권면이 아니라 '내가 용서 받았는지'를 확인하는 기준으로서의 역할 외에 아무 것도 아니다. 내가 다른 사람의 과실을 용서한다고 상 받을 일도 아니며, 더더구나 천국 가서 몇 평짜리 맨션에 살 것이냐를 가름하는 적선(積善)도 아니다. 내가 다른 사람들의 '과실'을 용서할 수 있다는 것은 내가 하늘 아버지로부터 그러한 용서를 받았다는 증거 외에 무슨 다른 뜻이 있으랴. 이것은 절대로 율법일 수 없다.

그러나 이 말씀도 우리가 우리의 노력으로 다른 사람의 과실을 용서해 주려는 시도를 하기 시작할 때 '율법화'한다는 사실을 기억해야 한다. 율법 아래서는 구원 얻을 육체가 없나니 그러므로 죽은 행실을 회개하는 일을 버려야 한다. 다시 말해서 용서하지 못한 죄를 회개하지 말라는 말이다. 자기가 용서하지 못하거든 그것으로 자신이 용서받지 못했다는 반증으로 삼을 일이다. 용서하지 못하는 것은 죄가 아니다. 다만 죽은 행실일 뿐이다. 예수의 십자가를 믿었다고 죄를 용서 받는 것이 아니다. 내가 다른 사람의 죄를 용서할 수 있을 때 비로소 나는 용서 받은 자의 삶을 살게 된다.

성경은 우리에게 이러한 삶의 구체적인 모습들을 열거하면서, 우리로 하여금 우리 자신들을 돌아보게 한다. '나는 용서 받았다'고 감사하며 믿을 때, 용서의 삶이 살아지는 것이 아니라, 용서하는 삶을 살 때에만 자신이 용서 받은 자라는 것을 성경은 많은 곳에서 지적한다.

이러므로 천국은 그 종들과 회계하려 하던 어떤 임금과 같으니 회계할 때에 일만 달란트 빚진 자 하나를 데려오매 갚을 것이 없는지라. 주인이 명하여 그 몸과 처와 자식들과 모든 소유를 다 팔아 갚게 하라 한대 그 종이 엎드려 절하며 가로되 내게 참으소서. 다 갚으리이다 하거늘 그 종의 주인이 불쌍히 여겨 놓아 보내며 그 빚을 탕감하여 주었더니 그 종이 나가서 제게 백 데나리온 빚진 동관(同官) 하나를 만나 붙들어 목을 잡고 가로되 빚을 갚으라 하매 그 동관이 엎드려 간구하여 가로되 나를 참아 주소서 갚으리이다 하되 허락하지 아니하고 이에 가서 저가 빚을 갚도록 옥에 가두거늘… (마18:23-35).

그 뒤의 이야기가 어떻게 되었다는 것은 우리가 잘 안다. 용서를 받는다는 것은 채권 채무의 관계에서 금전적인 대차(貸借)를 정리하는 문제가 아니라, 용서가 무엇인지를 안다는 뜻이다. '용서'라는 진리가 '나'라는 비진리 속에서 용해된다는 의미다. 그래서 '나'로서 사는 것이 아니라 '용서'로서의 삶을 살게 될 때, 참된 의미의 용서를 받은 것이다. 불행하게도 여기서 일만 달란트 빚진 자는 '용서'를 받은 것이 아니라 '일만 달란트'라는 '돈'을 받은 셈이다. 이것이 비극의 씨앗이다. 잘못은 자기에게 백 데나리온 빚진 친구를 용서해 주지 않았다는 데 있지 않다. 이 사람은 용서가 무엇인지 모르는 사람이다. 분명히 임금은 그에게 '용서'를 선물했는데 그가 받은 것은 '돈'이었다. 그러므로 이 사람이 그의 친구를 용서하지 못한 것은 당연하다. 하나님의 용서를 용서로 받지 아니하는 것 ─ 이것이 죄다. 그 용서를 받지 아니하였으므로 용서할 능력이 없음에도 불구하고, 용서해야 하는데 용서하지 못한다고 안타까워하고 있으니 이런 것을 두고 점입가경(漸入佳境)이라고 하던가.

오늘날 신자들에게 있어서 예수의 십자가도 마찬가지다. 예수의 십자가가 자기 죄를 구속(救贖)하는 하나님의 은혜가 되려면, 그 십자가가 자신의 십자가가 되어야 한다. 바꾸어 말한다면 참으로 십자가를 '아는' 사람은 그것을 믿는 사람이 아니라, 자신도 거기 못 박히는 사람이다. 이것이 예수께서 그토록 우리를 향하여 '아무든지 나를 따라 오려거든 자기를 부인하고 자기 십자가를 지고 나를 좇을 것이니라'(마16:24) 하시던 그 십자가다. 우리도 과연 예수처럼 우리의 십자가에 못 박히면서 '아버지여 저들의 죄를 용서하옵소서' 할 수 있을 것인가.

십자가 — 그것이 곧 용서다. 거기 예수만 박혀 있으면 나는 못 박는 자요, 나도 같이 달려 있으면 이미 용서받은 사람이다. 임금이 자기의 일만 달란트나 되는 빚을 완전히 탕감해 주었다고 진지하게, 정열적으로, 굳세게 믿는다고 용서 받은 자로서의 삶을 사는 것이 아니다. 그것은 허상이다. 임금이 그의 빚을 탕감해 주지 않은 것이 아니라 스스로 빚의 노예가 되어 있는 모습이다.

그러나 성경은 우리에게 실상도 아울러 보여주고 있다.

욥이 여호와께 대답하여 가로되 … 무지한 말로 이치를 가리는 자가 누구니이까. 내가 스스로 깨달을 수 없는 일을 말하였고 스스로 알 수 없고 헤아리기 어려운 일을 말하였나이다… 그러므로 내가 스스로 한(恨)하고 티끌과 재 가운데서 회개하나이다. 여호와께서 욥에게 이 말씀을 하신 후에 데만 사람 엘리바스에게 이르시되 너와 네 두 친구에게 노하나니 이는 너희가 나를 가리켜 말한 것이 내 종 욥의 말 같이 정당하지 못함이니라. 그런즉 너희는 수송아지 일곱과 수양 일곱을 취하여 내 종 욥에게 가서 너희를 위하여 번제를 드리라. 내 종 욥이 너희를 위하여 기도할 것인즉 내가 그를 기쁘게 받으리니 너희의 우매한대로 너희에게 갚지 아니하리라 이는 너희가 나를 가리켜 말한 것이 내 종 욥의 말같이 정당하지 못함이니라 … 욥이 그 벗들을 위하여 빌매 여호와께서 욥의 곤경을 돌이키시고 욥에게 그 전 소유보다 갑절이나 주신지라 (욥

42:1-10).

　욥이 참으로 자신의 우매함을 깨닫고 하나님 앞에서 자신의 죄를 회개하는 것으로 욥의 곤경이 반전되지는 않는다. 욥기는 욥의 인내를 본받으라고 쓰인 말씀이 아니다. 오히려 하나님에 대해서 박사연하는 욥이 실제는 하나님에 대해서 얼마나 두루 뭉수리하고 황당한 허상에만 집착하여 알고 있는가를 냉소적으로 풍미한 글이다. 즉 이 글의 서두에서 잠깐 언급한 바 있는 '자기의 원칙'으로 하나님을 재단했다는 점이다. 그런데 욥보다 한술 더 뜨는 사람들이 있으니 이들이 바로 욥의 세 친구인 엘리바스와 빌닷과 소발이다.

　이들 역시 '자기의 인격'으로 하나님을 판단하고 욥을 읽었는데, 욥기는 이들 세 친구와 욥과 하나님이 서로 읽고 읽히는 심리전의 묘사라 해도 지나치지 않다. 하나님이 욥에게 이들 세 친구를 보내는 뜻은 — 물론 세 친구가 자발적으로 욥을 위로하러 갔지만 하나님의 섭리를 우리가 믿는다면 이것은 하나님이 그들을 욥에게 보낸 것이다 — 그들의 무지를 통하여 자신의 어리석음을 보라는 메시지다. 그러나 욥은 욥기 전편을 통하여 그 세 친구들의 어리석음에 대하여 조소를 금치 못하면서도 자신만은 하나님에 대하여 완벽히 알고 있다는 착각을 하게 된다.

　이 내용에 대하여는 다른 지면에서 말할 기회가 있겠거니와 아무튼 욥은 그 착각의 절정에서 하나님을 만나고 유구무언이 되고 만다. 자기가 하나님에 대하여 알았다고 말한 것이 얼마나

어처구니없는 쓰레기인가를 깨닫고 말문이 막히는 것이다. 하나
님에 대한 욥의 오해가 일만 달란트만한 양(量)이라면, 그 세 친
구의 욥에 대한(하나님에 대한 것이 아니라) 오해는 백 데나리
온 정도라고 표현할 수 있다.

　욥은 욥기 전편의 대화를 통하여 그 친구들에 대하여 얼마나
한심해 하였으며 얼마나 분에 떨어 왔던가. 그 무식한 놈들이
자기에게 대하여 내리는 평가를 곰삭히 못해 많은 것을 하나
님 앞에 토해 놓지 않았던가. 그러나 이제 그러한 한심함과 분
함과 억울함 모두 하나님이 자신을 향하여 가지고 계신 아우성
임을 본다. 일만 달란트와 백 데나리온의 비중으로 욥의 어리석
음을 꾸짖고 온다.

　무슨 말을 할 것인가. 일만 달란트의 빚과 백 데나리온의 빚
을 놓고 무슨 입을 열 것인가. 그래서 겨우 하는 말, '내가 스스
로 깨달을 수 없는 일을 말하였고 알 수 없고 헤아리기 어려운
일을 말하였나이다.'

　회개는 이렇게 한다. 용서를 구하는 기도는 회개가 아니다.
회개는 상황의 철저한 인식으로부터 비롯된다. 바꾸어 말해서
자신의 죄가 무엇인지를 아는 것에서부터 회개는 시작되며 그
상황의 인식이 곧 회개기도 하다. 그런 엉터리없는 일을 저질러
놓고 그래도 용서 받고 싶은 마음이 생긴다면 그것은 아직도
본질에의 정확한 접근이라고 보기엔 거리가 멀다. '그러므로 내
가 스스로 한(恨)하고 티끌과 재 가운데서 회개하나이다' 여야지,
'용서해 주옵소서'는 아니다.

　그러면 용서는 언제 주어지는가. 스스로 용서할 때 주어진

다. 하나님의 원수 갚으심은 늘 이렇다. 우리가 하나님을 향하여 던진 돌, 박은 못을 하나님 아닌 다른 인간들의 손에 의하여 우리가 감수하게끔 하신다. 자신이 하나님을 향하여 돌을 던지고 못을 박았다는 처절한 인식이 선행될 때, 우리는 비로소 돌에 맞을 수 있고 나무에 달릴 수도 있게 된다.

신앙은 삶이라고 늘 외치는 외침의 뜻이 이것이다. 만일 욥이 자신의 처지를 망각하고 그 세 친구들을 향하여 '그것 봐라 내가 너희들 보다 옳았지 않느냐'고 면박했다고 생각해 보자. 만일 그랬다면 그는 아직도 마땅히 알았어야 할 바를 알지 못하고 있다. 용서 받은 자만이 용서할 수 있고 용서하는 자만이 용서 받은 자다.

내가 받은 용서는 무엇이며 내가 베풀어야할 용서는 무엇인가. 아니 그것 보다 먼저 나는 내가 용서해 주어야 할 그런 '세 친구'나 있는가. 멀고도 먼 천로역정을 나는 어디쯤 가고 있는가. 오늘은 무엇을 가지고 하나님 앞에 나아갈 것인가(미6:6).

문둥이가 서로 말하되 우리의 소위(所爲)가 선(善)치 못하도다. 오늘날은 아름다운 소식이 있는 날이거늘 우리가 잠잠하고 있도다. 만일 밝은 아침까지 기다리면 벌이 우리에게 미칠지니 이제 떠나 왕궁에 가서 고하자 (왕하7:9).

21

선과 악의 기준

마22:1-14

요5:24-29

이에 종들에게 이르되 혼인 잔치는 예비 되었으나,

청한 사람들은 합당치 아니하니

사거리 길에 가서 사람을 만나는 대로

혼인 잔치에 청하여 오라 한대

종들이 길에 나가

악한 자나 선한 자나 만나는 대로

모두 데려오니 혼인자리에 손이 가득한지라.

이를 기이히 여기지 말라.

무덤 속에 있는 자가

다 그의 음성을 들을 때가 오나니

선한 일을 행한 자는 생명의 부활로

악한 일을 행한 자는 심판의 부활로 나오리라.

마태복음의 기사는 유명한 혼인 잔치의 비유다. 어떤 임금이 자기 아들을 위하여 혼인 잔치를 배설하고 사람들을 청하였으나 아무도 그의 청을 수락하지 않자, 드디어 종들에게 사거리 길로 나가서 '선한 자나 악한 자나' 아무든지 데려오라고 분부한다. 그래서 종들이 그 주인의 분부대로 이행하자 임금은 참석자들의 자격을 심사하는데, 그 심사기준은 참석자들의 선악 여부가 아니라 그들의 예복 착용 유무였다.

혼인 잔치에 참여하여 주인과 함께 즐거움을 누린다는 이 사실이 우리의 구원과 영생의 삶을 의미한다면, 결국 우리 구원의 열쇠는 우리가 선한 자냐 악한 자냐가 아니라 주인의 생각에 부합되는 예복을 입었느냐 아니냐에 있는 것이다. 그래서 우리는 이 말씀을 우리의 죄인 됨에도 불구하고 그리스도 예수의 십자가 대속으로 말미암은 구원에 적용하기를 좋아한다. 옳다. 분명히 우리는 선한 사람이 못 된다. 간혹 스스로 자신을 선한 사람으로 생각하는 사람이 있을지 모르지만 그렇게 생각하는 자신도 자신이 죄인이라는 사실은 부인하지 않는다.

선한 사람이 아니라면 우리는 악한 사람인데, 악한 사람이면 악한 일을 할 터이고, 악한 일을 했다면 우리는 요한복음 5장의 기록대로 생명의 부활 아닌 심판의 부활에 해당되는 사람들이다. 여기 모순이 있다.

다시 말해서 마태복음의 구원 기준과 요한복음의 그것이 서로 다르다는 점이다. 간단히 말한다면 마태복음의 기준은 선악이 아니라 예복이고, 요한복음의 기준은 선한 일을 했느냐 악한 일을 했느냐는 선악이다. 마태복음의 입장에서 보면 우리의 구원에 필요한 절대적 조건은 우리 몸의 깨끗하고 더러운 정도가 아니라, 그 몸을 덧씌우고 있는 예복임을 간단히 알 수 있다. 그래야 구원은 행위에서 난 것이 아니요, 믿음으로 말미암은 하나님의 선물이라는(엡2:8-9) 사도 바울의 지적과 일치한다.

그러나 요한복음은 분명한 어조로 선한 일을 행한 자는(예수를 믿은 자가 아니라) 생명의 부활로 나아오지만, 그러지 아니하고 악한 일을 행한 자는 심판의 부활로 나아오리라는 것을 말하고 있다. 이 말씀은 마태복음의 분위기와는 물론 다르고 사도 바울이 지적했듯이 '행위'로 말미암지 않는다는 말씀과도 상당한 거리가 있다.

성경이 하나님의 말씀으로서 가치가 있으려면 적어도 모순은 없어야 한다. 어디서는 선악이 문제가 아니었다가 또 어디서는 선악을 문제 삼는 성경이라면 하나님의 말씀이라고 얘기할 수 있는가. 예수를 믿는다는 말의 의미는 이러한 성경 저자들의 갈등구조를 몸으로 느끼고 그 속에서 갈등하는 삶과 밀접한 관련이 있다. 예수 믿기 전에는 거짓말을 아무런 양심의 가책 없이 잘 했는데, 이제는 거짓말을 하게 되면 하나님이 생각나고 지옥 갈까 걱정 되는 그런 갈등이 아니다.

하나님의 말씀인 줄 알았는데 예수 믿고 교회 나가며 성경을 보다 보니까 갑자기 성경이 하나님 말씀 같지 않더라는 갈등이 제대로 된 갈등이다. 도무지 앞뒤가 맞지 않고 그동안 살아온 자신의 인생관과 가치관과도 맞지 않는 성경의 지적 앞에 고개를 곧추 세우고 반항하며 갈등하는 삶이야말로 예수를 믿음에 있어 필수불가결한 요소다. 이러한 갈등의 삶 없이 예수를 믿는다는 것은 자기 생각의 구조 속으로 성경을 꾸역꾸역 집어넣는 것과 조금도 다를 바가 없다. 성경은 우리 생각 속으로 들어가지 않는다. 일견 들어간 듯이 보일 수도 있으나 그것은 착각이다. 우리에게 보이지 않는 어느 곳이 불거져 나와 있거나 아니면 우리의 눈이 애써 그러한 사실을 외면하고 있을 뿐이다.

우리는 마태복음의 선악과 요한복음의 선악 사이에서 갈등해야 한다. 왜냐하면 말은 동일한 선악이지만 그 내용, 그 결과는 엄청나게 다르기 때문이다. 마태복음의 선악은 우리가 하나님 앞에 섬에 있어 아무런 조건이나 원인이 될 수 없지만 요한복음의 선악은 우리를 생명과 심판으로 갈라놓기 때문이다. 예수 믿는 기독교인들이 선행에 대한 일종의 강박관념에 사로잡혀 있는 것도 따지고 보면 요한복음의 말씀 — 선한 일을 행한 자는 — 을 마태복음의 선으로 해석하는 데 기인한다.

마태복음의 선은 인간적인 선이요 상대적인 선이다. 하나님은 이런 인간적이며 상대적인 선에는 관심을 두지 않는다. 우리가 일반적으로 생각하는 선악의 개념은 모두 이것이다. 그리고 사람들은 무슨 사건이나 사물을 막론하고 이런 선악의 개념으로 대상을 파악하고 조명하는 버릇을 가지고 있다. 이런 버릇 때문에 사람들은 죄에 빠진다. 아니, 오히려 죄에 빠져 살아온 그동안의 삶이 그러한 버릇을 형성해 왔다고 보아야 할 것이다.

예를 들어 보자. 여기 '사랑'이라는 마음과 '미움'이라는 마음이 있다. 어느 것이 선이고 어느 것이 악인가. 이렇게 묻지 않더라도 우리는 사랑은 좋은 것 곧 선이고 미움은 나쁜 것 곧 악이라는 등식으로 바라보기를 좋아한다. 그래서 사랑은 간직하고 발전시켜야 할 우리 마음의 심성으로 생각하고, 미움은 빼어 버려야 할 나쁜 요소로 간주한다. 이런 기초 위에 도덕이 있고 윤리가 있으며 모든 세상적인 학문과 세상적인 종교가 있다. 세상에 종교라 이름 하는 수많은 믿음이 있지만 알고 보면 대부분이 범주에 속한다. 즉 인간 속에 있는 선한 요소를 계발하고 악한 요소는 빼어버려 미움보다는 사랑이, 전쟁보다는 평화가, 죽음보다는 영원이 지배하는 세상을 향한 동경이 모든 종교와 윤리의 지향점이다. 기독교도 여기서 크게 벗어나지 않는다. 벗어나 있다고 스스로 생각하는 것은 기독교의 자유일지 몰라도 미움이나 전쟁, 죽음, 고통 등을 악적인 요소로, 사랑이나 평화, 영원 등을 선적인 요소로 생각하여 악에서 선으로의 이행(移行)을 강조하는 모습은 타 종교의 그것과 크게 다를 것이 없다.

그러면 무엇이 문제인가.

문제의 핵심은 사랑은 곧 선이요 미움은 곧 악이라는 등식에 있다. 사랑은 선도 아니요 악도 아니며 그냥 사랑이다. 마찬가지로 미움도 선이나 악의 문제로 조명해서는 안 된다. 미움 역시 그냥 미움이다. 그러므로 기독교가 사랑은 우리가 가져야할 덕목으로, 미움은 버려야할 가치로 가르친다면 곤란하다. 우리에게 사랑이 있어야 하는 것과 똑같은 분량으로 미움도 있어야 한다.

　문제는 그 사랑과 미움의 대상이 바뀌었다는 점이다. 미움은 우리 속에서 몽땅 없어질 수도 없는 것이거니와 또한 없어져서도 안 된다. 하나님이 사랑을 우리에게 주셨듯이 미움도 하나님이 우리에게 주신 것이다. 타락이란 우리가 세상 사람들을 사랑하지 못하는 것이 아니다. 오히려 세상 사람들을 사랑하는 것이 타락이다. 하나님을 사랑하라고 주신 사랑으로 돈을 사랑하고 자기를 사랑하고 아내를 사랑하고 자식을 사랑하는 이것이 타락이요, 아울러 돈을 미워하고 자기를 미워하라고 주신 미움으로 하나님을 미워하고 그와 함께 동거하지 않는 이것이 죄다.

　사랑과 미움은 선과 악의 요소가 아니라 오히려 생명의 요소다. 죽은 자는 사랑할 수도 없거니와 미워할 수도 없다. 죽은 자들만 모여 있는 공동묘지의 적막을 평화라고 하지 않는다. 그것은 고요는 될지언정 평화는 아니다. 그러므로 전쟁 역시 우리가 버려야 할 악적 요소, 악한 행위가 아니라 살아있음의 증거로 반드시 나타날 수밖에 없는 하늘에 있는 악의 영들에 대한 싸움(엡6:12)이다.

　생명에는 선악이 없다. 생명은 선악의 문제가 아니다. 어린아이들을 보자. 기저귀를 차고 기어 다닌다고 그것이 그들의 악인 가. 그것은 선도 아니고 악도 아니다. 다만 생명 있음에 대한 자랑스러움이다. 그러나 인간들은 이러한 생명의 자람을 곧잘 선악의 눈으로 바라본다. 특히 자연세계를 향한 인간의 편견은 참으로 놀랄만하다. 인간들은 자연을 자연의 기준으로 판단하는 것이 아니라 인간들에게 어떤 유익을 주느냐로 판단하기를 좋아한다.

예를 들어 송이버섯이나 느타리버섯 같은, 자기들이 먹을 수 있는 버섯은 좋은 것(善)인 반면 그렇지 않은 독버섯 종류는 나쁜 것(惡)으로 생각한다. 그렇지 않다. 모든 버섯은 하나님의 생명을 소유한 아름다운 피조물이다. 그들 나름대로 모두 다 자기를 지으신 하나님을 찬양하고 자기 모습에 감사한다. 이렇게 그들 스스로는 선악의 개념이 없는데 왜 하필 인간들은 그들을 향하여 선악적인 기준으로 판단하는가.

인간들의 조상 아담과 하와가 선악과를 먹었다는 움직일 수 없는 증거가 이것이다. 선악과를 먹고 선악을 '알았다는 사실' 이 하나님 앞에서의 죄다. 악한 일을 하고 안하고는 별 문제가 아니다. 아담과 하와가 한 일이 악한 일인가. 물론 하나님의 명을 어겼으므로 그것을 악한 일이라고 할 수도 있을 것이다. 그러나 하나님의 명을 어긴 결과로 주어진 것은 인간들이 선과 악을 '알게 되었다' 는 사실밖에 달라진 것이 없었다. 왜 선과 악을 알게 되었다는 이것이 그토록 심각한 문제가 되는가. 그것은 하나님의 기준인 생명의 눈으로 삼라만상을 바라보는 것이 아니라 스스로에게 좋으냐 나쁘냐가 기준이 된 선악의 눈으로 사물을 바라보게 되었다는 점이다.

그래서 사람들 가운데는 '왜 그토록 자상하시고 자비로우신 하나님께서 에덴동산 가운데 선악과를 만들었는가'를 묻는 사람이 있다. 그 물음 자체가 선악과의 결과 즉 생명과는 선으로 보고 선악과는 악으로 보는 슬픈 현상이다. 그 물음은 '하나님은 왜 인간들이 먹으면 죽는 독버섯도 만들었는가'라는 질문과 하나도 다를 것이 없다. 독버섯은 인간들로 하여금 먹으라고 창조해 놓은 것이 아니다. 생태계를 유지하고 자연이 자정력(自淨力)을 가지게 하기 위한 하나님의 복안이 그 속에 숨어 있다. 우리는 그 복안을 알 때까지 기다려야 한다. 내가 알고 있는 선악의 기준으로 정리하고 판단할 일이 아니다.

마태복음 본문이 얘기하는 '선한 자나 악한 자'는 이러한 선악과의 결과로 사람들이 스스로 선이라고 생각하고 또한 악이라고 생각하는 그런 선악의 기준에서 본 선한 자와 악한 자다. 그러므로 엘리후가 욥을 향하여 일갈하는 말씀.

> 네가 범죄 한들 하나님께 무슨 영향이 있겠으며 네가 의로운들 하나님께 무엇을 드리겠으며 그가 네 손에서 무엇을 받으시겠느냐 네 악은 너와 같은 사람이나 해할 따름이요 네 의는 인생이나 유익하게 할 뿐이니라 (욥35:6-8).

우리는 이 흐름을 이해할 수 있다. 이러한 인간적인 선행과 악행, 의와 죄는 하나님께 아무런 영향을 미치지 못한다. 이 말은 우리가 선행을 행했기 때문에 우리를 구원하고 또는 우리가 나쁜 짓만 골라가며 했기 때문에 우리를 멸망시킨다는 뜻이 아니란 말이다. 우리가 선한 일을 하고 안하고는 하등의 문제가 아니다. 우리가 심판 받는 원인은 우리가 사물을 선악적인 기준으로 바라보았다는 데 있음을 알아야한다.

그러면 요한복음이 말하는 '선한 일'은 무엇인가. 분명히 선한 일을 행한 자에게 생명의 부활이 주어진다. 바꾸어 말하면 생명의 부활을 받기 위하여서는 선한 일을 한 경력이 있어야 한다는 점이다. 그렇다면 여기서 말하는 '선한 일'이란 대체 어떤 일인가.

이 선(善)은 마태복음의 인간적이고 상대적인 선에 대칭되는 신적(神的)이고 절대적인 선이라고 할 수 있다. 그러므로 이 선은 우리가 일반적으로 생각하는 좋고 나쁨의 문제가 아니다. 하나님에게 있어서는 악이란 없다. 왜냐하면 하나님은 홀로 선하신 분이기 때문이다(마19:17). 세상의 모든 만물이 하나님(善)이 원인이 되어 생겨난 결과일진대(요1:3) 그 결과에 악이 섞여 있을 수 없다. 이 말은 우리가 얘기하는 악이라는 것도 하나님 안에서는 선이며 생명이며 아름다움이라는 사실이다. 그러므로 에덴동산의 선악과도 하나님께는 나쁜 것이 아니라 아름다움이요, 생명의 다양함이며, 차고 넘치는 하나님에의 찬양이다. 다만 생명을 모르는 인간이 손대면 아니 되는 것일 뿐이다.

인간이 먹었더니 죽더라는 한 가지 사실을 기준으로, 인간의 입장에서 바라보는 세상이 곧 선악의 세상이요, 하나님이 만들어 놓은 부족함이 없는 생명의 입장에서 바라보는 세상이 곧 생명의 세상, 선의 세상이다. 죽음이라는 대칭적 개념이 있는 생명은 생명이 아니며 역시 악이라는 상대적 개념이 있는 선은 선이 아니다. 하나님의 생명과 선에는 대칭이나 상대적 개념은 없다. 오직 아름다움과 다양함과 풍부함과 충만함이 있을 뿐이다. 하나님에겐 악이라는 것도 선의 한 존재 양식이며 죽음이라는 것도 생명의 한 표현 양식이다. 우리가 무생물이라고 하는 작은 돌멩이 하나도 생명 없는 존재가 아니다. 그들은 그렇게 존재하는 것이 그들의 생명이다.

밤하늘에 총총한 이름 없는 별들, 오뉴월의 따사로운 햇빛으로 한껏 싱그러움을 자랑하는 수많은 신록들, 바다에서 강에서 들에서 산에서 숨 쉬고 뛰고 먹고 먹히며 살아가는 모든 생물들, 그들은 모두 선악이 아닌 생명이다. 이 생명을 이름 하여 절대선, 하나님적 선이라고 한다. 요한복음 5장이 얘기하고 있는 선행은 이러한 선악 유기체가 아닌 생명 유기체로서 행하는 모든 행동을 일컫는 표현이다.

아침이면 어김없이 솟아오르는 태양의 솟아오름이야말로 태양의 선행이다. 우리가 이 땅에서 살 수 있는 것도 따지고 보면 이러한 태양의 선행 때문인 줄 알아야 한다. 우리가 쇠고기를 먹을 수 있는 것은 소의 선행이 있었기 때문이요, 옷을 입고 집을 지을 수 있는 모든 원인은 순전히 내가 잘나서가 아니라 그러한 자연의 선행 때문임을 알아야한다. 요한복음이 생명의 부활에 대한 전제조건으로 내세우는 선행이란 바로 이것이다.

결국 선행이란 자기의 선적 요소를 제공하는 어떤 것이 아니라 자기 전부, 자신의 생명을 내어놓는 자기 포기며 자기의 죽음이다. 우리에게 있어 하나님이 선이라고 인정하시는 유일한 것이 있다면 우리의 생명이다. 이 생명은 움켜쥐고 있으면서 돈 몇 푼, 옷 몇 벌로 선행을 행했다고 생각한다면 그것은 엄청난 착각이다.

우리는 선악의 세계를 떠나 생명의 세계로 가야한다. 성경이 말하는 사망이란 선악의 세계를 일컫는 동의어다. 생명의 세계에는 선악적인 기준이 없다. 다만 생명의 원리만 있을 뿐이다. 악에 대립되고 대칭적인 선이 아니라 생명의 다른 표현 양식으로 존재하는 선이야말로 우리가 가져야 할 하나님이다. 선행은 생명의 발산이다. 발산하라고 준 생명을 꼬깃꼬깃 접어서 품속에 집어넣고 혹시 없어질세라 혹시 빼앗길세라 안절부절 못하고 사는 인생이 오늘의 우리 아닌가.

주라 그리하면 너희에게 줄 것이니 곧 후히 되어 누르고 흔들어 넘치도록 너희에게 안겨 주리라 (눅6:38).

무엇을 줄 것인가. 생명을 주면 생명이 돌아올 것이요 (생명의 부활) 쓰레기를 주면 쓰레기가 돌아올 것이다 (심판의 부활). 돈을 좋아하는 사람들은 돈을 주라. 그리하면 돈이 넘치도록 안겨 오리라.

22

우리 안에 있는
하나님의 나라

눅17:20-21

바리새인들이
하나님의 나라가
어느 때에 임하나이까 묻거늘,
예수께서 대답하여 가라사대
하나님의 나라는
볼 수 있게 임하는 것이 아니요,
또 여기 있다 저기 있다고도 못하리니
하나님의 나라는
너희 안에 있느니라.

우리가 성경을 얼마나 단편적으로 보느냐 하는 것은 본문의 지적만 살펴보더라도 충분히 그 전모를 짐작할 수 있다. 왜냐하면 예수를 믿는다는 우리들이 예수적인 생각과 예수적인 말을 하는 것이 아니라 오히려 예수를 십자가에 못 박은 바리새인적 개념으로 하나님의 나라를 꿈꾸고 있기 때문이다. 바리새인들의 잘못은 그들이 교만했다거나 하나님을 믿지 않았다는 데 있는 것이 아니다. 오히려 그들의 잘못은 너무 열심히 하나님을 믿고 충성된 생활을 했지만 그것이 참된 지식을 좇은 것이 아니라는 데 있다(롬10:2).

교만이란 참된 지식이 없을 때 일어날 수밖에 없는 하나의 결과적인 현상에 불과하다. 하나님의 세계는 사도 바울의 고백처럼 너무나 깊고 넓어 인간으로서는 도저히 측량할 수도 없고 찾을 수도 없는(롬11:33), 따라서 당연히 표현할 수도 없는 곳이다. 그럼에도 불구하고 바리새인들은 하나님의 나라를 자기들 생각 속에서 정리하고 판단하여 거기에 합당한 개념들만 하나님의 나라로 인정하는 우를 범하였는데 이것이 그들의 교만이었다. 다시 말해서 도저히 인간들 속에서 정형화 될 수 없는 세계를 정형화하여 간직하고 있던 사람들이 바로 바리새인들이었다.

그 정형화 된 개념들 중의 하나가 본문에서 볼 수 있는 것처럼 하나님 나라의 도래시점이었다. 바리새인들의 생각에는 이 땅위에서 이렇게 이방민족에게 힘으로 억압당하고 경제적으로 피곤한 삶을 사는 것은 하나님의 나라에 대립되는 세상적 나라였고, 따라서 이러한 눈물과 고통, 슬픔의 세상나라에 과연 언제쯤 하나님의 나라가 임할 것인가 하는 문제가 그들의 주된 관심사였다. 그래서 이 고통의 세계를 벗어나 더 이상 눈물이 없고 사망이 없고, 애통하는 것이나 곡하는 것이나 아픈 것이 다시 있지 아니하는(계21:4) 하나님의 나라야말로 그들 삶의 유일한 희망이었고 의미였다. 그들은 이러한 하나님의 나라에 들어가기 위하여 종교적인 온갖 충성과 희생을 아끼지 않았으며 자나 깨나 '하나님을 위한 삶'이 체질화 되어 있었다. 그러므로 이들에게 있어 이러한 '하나님의 나라'가 과연 '언제' 임할 것인가 하는 문제는 오늘날 우리들에게 예수의 재림이 언제쯤일까 하는 문제보다 훨씬 더 심각한 문제였다.

그들의 이러한 종교적 삶의 행태는 그들이 예수를 만났을 때 극명하게 드러난다. 사람들이 평상시에 일반적으로 내뱉는 한마디 한마디가 바로 그 사람 자신이다. 어떻게 보면 선지자 같기도 하고 또 어떻게 보면 천하의 이단 괴수 같기도 한 예수를 만난 바리새인들의 반응은 호기심 섞인 기대가 반이요 이단적인 경계가 나머지 반이었다. 그래서 이들은 예수에게 '하나님의 나라가 임하는 시점'에 대하여 질문한다. 왜냐하면 다른 문제들에 대해서는 나름대로 정형화 해 놓은 틀이 있었는데 그 문제는 정말 오리무중이었기 때문이다. 하나님의 나라가 어떨 것이라는 상상도 가능하고 내가 어떻게 하나님을 섬기고 믿어야 거기 갈 수 있을 것인가도 대충 짐작하겠는데 도무지 그 하나님의 나라가 임하는 때에 대해서는 전혀 아는 바가 없었다.

이 문제는 오늘날도 마찬가지다. 더구나 예수께서 '때와 기한은 아버지께서 자기의 권한에 두셨으니 너희의 알 바 아니요'(행1:7)라고 분명히 밝혔음에도 불구하고 여러 가지 수단과 방법으로 그 때를 계산하고 측량한다. 그래서 숫제 어느 날짜까지 못 박으면서 '그 날이 가까웠다'고 사람들을 기만한다. 이런 기만이 통하는 이유가 바로 사람들의 신앙이 그만큼 예수적이지 못하고 바리새인적이라는 증거다. 만일 본문의 바리새인들의 질문에 예수가 '언제쯤'이라고 대답했을 경우를 가정해보라. 예수는 그의 권능과 유대인들의 기대 섞인 환호 속에 가장 멋진 이단이 되었을 것이다.

우리가 우리의 신앙을 스스로 점검해 보아야하는 필요성이 이 때문이다. 우리의 신앙행위가 어떤가 하는 것은 큰 문제가 되지 않는다. 문제는 우리도 바리새인들처럼 '하나님 나라의 도래 시점'에 관심이 있느냐 없느냐다. 만일 우리가 아무리 열심히 예배, 기도, 헌금, 전도한다고 하더라도 — 이런 것들은 바리새인들이 우리보다 한 수 위면 위였지 절대로 우리에게 뒤지지 않는다. — 하나님의 나라가 과연 '어느 때에' 임할 것인가에 관심이 집중되어 있다면 우리 역시 예수께서 책망하는 대상에 불과하다. 예수께서 말세론을 강의(?)하시면서 '많은 사람이 내 이름으로 와서… 때가 가까웠다 하겠으나 저희를 좇지 말라'(눅 21:8) 하는 이유가 여기에 있다. 왜냐하면 그 때는 가까이 온 것이 아니라 바로 지금이기 때문이다.

가까이 왔다는 것의 맹점은 '아직도 여유가 있다'는 데 있다. 사도 바울이 '보라 지금은 은혜 받을만한 때요, 보라 지금은 구원의 날이로다'(고후6:2)라고 하였음에도 불구하고 '지금'은 그냥 믿기만 하면 은혜 받을 날이 가까이 올 것이라고, 서기 2000년이 되기 전에 예수가 재림할 것이라고 기만하는 데 그 허위가 있다. (이 말은 예수의 재림이 서기 2000년 전에는 절대로 없을 것이라는 의미가 아니다). 이러기 때문에 신앙이 삶이 되지 못하고 관념의 세계에 머물게 된다. 관념이란 현재 이루어진 현실의 삶이 아니라 가깝건 멀건 간에 그것이 미래의 기대치일 때를 의미한다. 바리새인들에게 있어서의 문제도 '하나님의 나라'가 현실적 삶이 아니라 '언젠가'는 임할 하나의 관념이었다는 점이다. 그러므로 언젠가는 임할 그 하나님의 나라에 참여하기 위해서 '오늘'은 종처럼 충성하고 봉사하는 길밖에 없었고, 그러한 충성과 봉사의 삶이 하나의 업이 되어 자신을 하나님의 나라로 들어가게 해 줄 것이라는 야무진 착각을 하고 있었다.

오늘날은 어떤가. 물론 오늘날 기독교인들 가운데 바리새인들처럼 그들의 충성과 봉사 때문에 구원 받는다고 생각하는 사람은 없다. 구원은 '믿음'으로 받고, 그럼에도 불구하고 우리가 이러한 충성과 봉사를 하는 이유는 '장차' 우리가 하나님 나라에 갔을 때에 우리가 얻어 누릴 '상급'과 관계있다고 생각한다. 이것보다 한 차원 더 높은 생각은 우리가 그러한 종교적 행위를 함으로써 우리자신이 '성화'된다는 생각이다. 어쨌거나 하나님의 나라가 미래적 사실임에는 바리새인들의 생각이나 오늘날 기독교인들의 생각이나 크게 다를 것이 없다. 여기 문제가 있다. 지엽적인 문제가 좀 다르다고 근본이 바뀌는 것은 아니다. 우리가 하나님의 나라를 미래에 임할 하나의 사건으로 생각하고 있는 한, 우리는 바리새인들의 삶과 신앙보다 더 나을 것도 다를 것도 없다는 사실을 유념해야 한다.

그렇다면 하나님의 나라는 어떤 것인가. 여기서 예수는 하나님의 나라가 '어느 때'에 임하느냐고 묻는 바리새인들에게 '시간'의 문제로 답변하지 않고 '공간'의 개념으로 대답하는 것을 볼 수 있다. 즉 문제는 '언제냐'가 아니라 '어디냐'다. 하나님의 나라를 '언제냐'의 문제로 끌고 가서는 절대로 해결되지 않는다. 사람들이 '언제냐'에 관심을 기울이는 모습이 곧 '지금'은 아니라는 방증이다.

하나님의 나라는 '어디냐'의 문제다. '어디냐'의 문제기 때문에 그것은 때와 상관없다. 때와 상관이 없다는 것은 우리가 '언제나' 누릴 수 있는 하나님의 나라요, 따라서 '바로 지금'의 삶이어야 한다는 점을 강조한다.

하나님의 나라가 '지금'의 삶인 사람에게는 구원이 따로 있고 상급이 따로 있지 않다. 구원도 현재의 삶이고 상급도 장차 누릴 희망이 아니라 현재 지금 받아 누리는 삶 안에 있다. 그러므로 모든 종교적인 행위도 더 이상 행위가 아니요 삶이며, 삶이기 때문에 힘든 것도 부담스러운 것도 아니다. 그렇다고 즐겁고 기쁨만 충만하다는 뜻도 아니다. 삶은 그냥 삶이라는 의미다. 즐겁고 괴로운 것은 삶을 사는 사람의 감정에 불과한 것이지, 그 감정이 삶은 아니다. 삶은 삶만이 주는 맛이 있다. 삶이 주는 맛을 모르는 사람은 감정에 지배된다. 즉 종교적인 충성을 할 때 진심으로 기쁨을 느꼈다든지, 아니면 반대로 부담스러움을 느꼈다든지 하는 것은 자신의 신앙생활이 삶이 아니라 행위라는 결정적인 증거다.

하여튼 하나님의 나라는 미래의 어느 시점에 — 그 때가 가깝거나 멀거나는 아무런 문제가 아니다 — 우리에게 임할 실체가 아니라, 현재 우리 안에 있어야 하는 것이다. 그러기 때문에 예수께서 지적한 대로 '여기 있다, 저기 있다' 하지 못한다. '여기 있다'에 이리로 쏠리고 '저기 있다'에 저리로 몰리는 이유는 바로 자기 속에 하나님의 나라가 없기 때문이다.

자기 속에 하나님의 나라가 있는 사람만 하나님의 나라를 본다. 분명히 본문의 말씀대로 하나님의 나라는 '볼 수 있게' 임하는 것은 아니다. 그럼에도 불구하고 예수는 니고데모를 향하여 사람이 물과 성령으로 거듭나면 하나님 나라를 본다고 말씀하셨다(요3:3-). 거꾸로 이 말씀은 하나님 나라를 보는 사람만 거듭난 사람이라는 증거기도 하다. 우리가 스스로를 향하여 '나는 거듭난 사람'이라고 확신한다고 거듭난 사람이 되는 것이 아니다. 거듭난 삶 곧 하나님의 나라를 볼 수 있는 삶이 있어야 비로소 거듭난 사람이다. 말씀이 분명히 이것을 증거한다.

그러나 사람들은 스스로를 거듭난 존재로 인식하면서도 다른 사람들의 '천국 여행담'에 귀가 솔깃해진다. 물론 본문의 말씀대로 천국은 '우리 안에' 있는 것이기 때문에 우리들 모두 천국에 대하여 볼 수 있고 말할 수 있다. 성경은 이를 가리켜 '나눔'이라고 하지만 이는 어디까지나 나눔에 참여하는 양쪽 모두 '천국에서의 삶'이 있을 때나 가능하다. 내가 직접 산 천국은 없으면서 다른 사람들이 갔다 온 천국에 현혹되는 것이야말로 가장 큰 미혹 가운데 하나다. 왜냐하면 천국은 자신 속에 가지고 사는 것이지 '관광 여행'으로 갔다 오는 곳이 아니기 때문이다.

오늘날 기독교인들이 얼마나 성경을 믿지 않는가! 스스로 믿고 있다고 생각하는 성경은 성경이 아니라 자신의 생각이다. 자신의 생각에 부합하는, 자기가 그럴듯하게 생각하고 그러기를 희망하는 사항에 대해서만 믿는다. 그러기 때문에 바리새인들은 예수를 죽일 수밖에 없었던 것이다. 바꾸어 말하면 바리새인들이 기대했던 하나님의 나라와 예수께서 가르쳤던 하나님의 나라는 서로 그 모양과 색깔에 있어 하늘과 땅의 차이가 있었기 때문이다.

하나님의 나라가 과연 있느냐 없느냐, 그것을 내가 믿을 것이냐 말 것이냐 하는 것은 큰 문제가 아니다. 왜냐하면 하나님의 나라는 우리의 인식이나 우리의 긍정적인 반응 때문에 존재하는 것이 아니라 우리의 믿음이나 기대와 상관없이 우리에게 있어야 하는 것이기 때문이다. 문제의 핵심은 그 하나님의 나라가 과연 지금 내 안에 있느냐에 있다. 그래서 예수께서 말씀하신 대로 그 하나님의 나라를 매일같이 '보느냐' 하는 문제다.

이 점을 염두에 두지 않는 신앙은 이미 실족한(눅17:1) 믿음이다. 예수께서 기회 있을 때마다 '나를 인하여 실족하지 않는 자가 복이 있다'(마11:6)고 말씀 하신 이유가 이것이다. 또한 많은 선지자와 사도들이 예수를 향하여 '부딪히는 돌과 거치는(실족케 하는) 반석'(벧전2:8)이란 표현을 쓴 이유가 이 때문이다.

우리는 우리 눈의 이 들보를 빼야한다(마7:3). 우리가 아무리 그리스도를 생명의 반석으로 믿는다 하더라도, 그 생명의 반석을 부딪치는 돌로밖에 보지 못하는 들보 섞인 눈을 가지고 있다면, 우리의 자랑은 웃음거리밖에 되지 않는다. 정작 오늘 우리에게 임하는 하나님의 나라에 대해서는 시큰둥하면서 장차 우리가 받아 누릴 하나님의 나라에 대해서만 광분하는 이것이야 말로 그리스도에 대한 오해다. 그리스도를 믿는다면서 그리스도를 제쳐놓는 이율배반이다.

우리가 일반적으로 기대하는 그 날(인자의 날)은 결코 보지 못할 것이다 (눅17:22). 예수는 우리에게 그런 하나님의 나라를 보지 못한다고 이처럼 분명히 말하고 있는데, 왜 그 말씀을 믿지 않는가. 예수를 믿는다면서 왜 예수의 말씀과 정반대의 사건을 기다리고 또 그런 사건을 보고 왔다는 사람들의 메시지에 귀를 기울이는가.

내 이름으로 거짓을 예언하는 선지자들의 말에, 내가 몽사를 얻었다 몽사를 얻었다 함을 내가 들었노라. 거짓을 예언하는 선지자들이 언제까지 이 마음을 품겠느냐. 그들은 그 마음의 간교한 것을 예언하느니라. 그들이 서로 몽사를 말하니 그 생각인즉 그들의 열조가 바알로 인하여 내 이름을 잊어버린 것같이 내 백성으로 내 이름을 잊게 하려 함이로다. 나 여호와가 말하노라. 몽사를 얻은 선지자는 몽사를 말할 것이요 내 말을 받은 자는 성실함으로 내 말을 말할 것이라. 겨와 밀을 어찌 비교하겠느냐… 나 여호와가 말하노라 보라 거짓 몽사를 예언하여 이르며 거짓과 헛된 자만으로 내 백성을 미혹하게 하는 자를 내가 치리라. 내가 그들을 보내지 아니하였으며 명하지 아니하였나니 그들이 이 백성에게 아무 유익이 없느니라. 여호와의 말이니라(렘23:25~32).

23

한편 강도

눅23:39-43

우리는 우리의 행한 일에

상당한 보응을 받는 것이니

이에 당연하거니와

이 사람의 행한 것은

옳지 않은 것이 없느니라 하고.

예수를 믿기만 하면 구원 받는다는 말씀은 틀림없이 진리다. 그러나 그 '믿는 것'이 무엇이냐에 있어서는 백 사람이 백 가지 견해를 가지는 것이 오늘날 우리의 실정임을 부인하기 어렵다. 누가복음의 본문에는 '나는 예수 그리스도를 나의 구주와 주님으로 영접합니다.' 라거나 '내가 당신을 믿습니다.' 따위의 신앙고백도, 시인도 없었던 한 강도의 구원 기사가 나타나고 있다.

사실 많은 사람들이 이 한편 강도(성경 기록은 행악자로 나오지만 강도라는 말에 더 익숙해 있으므로 그렇게 쓰도록 한다)의 믿음과 구원에 대해서 너무나 피상적으로 생각하는 경향이 있다. 그래서 이 강도의 삶과 믿음을 전혀 엉뚱한 사실에 접목시켜 진실을 호도(糊塗)하는 데 이용하기도 한다. 예를 든다면 이제 막 운명하는 사람 앞에서 이 강도의 예를 운운하며 당신도 예수만 믿으면 구원 받고 천국 갈 터이니까 어서 예수 믿는다고 하라고 강권하는 모습이 그런 것이다.

얼핏 보기에는 이 강도가 죽기 5분 전에 재수 좋게도(?) 예수를 믿어 천국 간 것처럼 이해되는 본문을 통해서 짚고 넘어갈 점이 있다면, 과연 예수가 나의 죄 때문에 죽었느냐 하는 것과 또 과연 나의 죄 때문에 예수가 죽어야 하느냐 하는 점이다.

　오늘날 대부분의 기독교인들이 금과옥조처럼 믿고 감사하는 사실은, 예수가 우리를 위하여 우리 '대신' 십자가에 죽었고 우리는 그것을 '믿음'으로써 구원받는다는 사실이다. 그러나 이러한 교리는 서기 2천 년대를 살고 있는 현대인들에게는 맞을지 모르지만 적어도 본문의 주인공인 한편 강도에게는 맞지 않는 이론이다. 왜냐하면 분명히 이 한편 강도는 예수에 의해 구원이 확인 되었음에도 불구하고(43절), 이 사람은 예수의 죽음이 자기 죄행(罪行)의 대신 속죄라는 것을 믿을 수도 없었고 또 사실 믿지도 않았기 때문이다.

　어떻게 그렇게 말할 수 있겠는가.

　본문 41절을 다시 한 번 보자. … 우리는 우리의 행한 일에 상당한 보응을 받는 것이니 이에 당연하거니와…. 지금 이 강도는 자기가 행한 삶이 십자가를 져도 아무 할 말이 없는, 죽어 마땅한 죄인이라는 사실을 분명히 했다. 뿐만 아니라 자기가 예수를 믿어 구원이라는 것을 받아 보겠다는 그런 얄팍한 계산도, 일말의 미련도 없이 죽음에 임하고 있다. 왜냐하면 자기는 가장 '확실한 죄인'이기 때문이다. 그래서 그는 자기 죄 때문에 지금 십자가에서 죽고 있는 것이다. 어찌 이 사람에게 가서 '당신의 죄 때문에 예수 그리스도께서 십자가에 달려 돌아가셨다'고 이야기 할 수 있겠는가. 만일 그랬다면 돌아오는 반응은 틀림없이

'천만의 말씀, 나는 내가 지은 죄 때문에 나의 십자가를 지고 내가 죽었다'가 울려올 것이다.

은혜라는 것은 죽다가 살아나는 것이 아니다. 죽고 다시 살아나는 것이다. 오늘날 많은 기독교인들에게 은혜가 없는 것은 바로 이 죽음이 없기 때문이다. 죄는 자기가 짓고, 죽기는 예수가 죽는다는, 꼭 일확천금을 꿈꾸는 '복부인' 같은 심보라 해도 지나치지 않다. 예수는 나를 대신해서 죽어 주어야 하는 의무를 지고 이 땅에 나신 것이 아니다. 여기서 하나 짚고 넘어 갈 것은 '나를 대신해서'다. 대신 죽는다는 것은 죽을 짓을 한 사람을 대신해서 죽을 짓을 하지 않은 사람이 죽는 것을 의미한다. 그렇다면 두 가지 문제가 대두된다. 그 하나는 예수가 나를 대신해서 죽었다고 했으므로, 과연 내가 죽을만한 죄를 지은 본문의 강도 같은 인간인가 하는 것이고, 또 다른 하나는 그러면 예수는 죽을 짓을 하지 않은 즉 자기의 죄로는 사형에 합당한 죄인이 아닌가 하는 점이다.

두 번째 질문은 간단히 해결할 수 있다. 우리가 성경의 기록을 믿는다면 적어도 예수는 그 당시 집권세력의 대표인 헤롯과 빌라도에 의하여, 죽을만한 잘못을 한 일이 없다는 사실을 분명히 밝혀놓고 있기 때문이다(눅23:13-22). 그러나 첫 번째 질문 — 내가 과연 죽을만한 죄를 지은 인간인가 — 에 대한 해답은 그리 간단하지 않다. 왜냐하면 나 역시 본문의 강도나, 그 앞에 나오는 살인과 민란을 인하여 붙잡혀 왔다가 '예수 대신' 살아나오는 바라바와 같은 범죄는 저지른 적이 없기 때문이다.

이 말에 대하여 우리 조상 아담과 하와의 원죄를 들고 나오지 말기를 바란다. 왜냐하면 그것은 그들의 범죄였지, 우리는 그들이 선악과를 따서 먹으며 즐길 때 그 근처에도 없었던 사람들인데 그 죄를 뒤집어쓰기는 억울하기 때문이다. 뿐만 아니라 설사 그것이 옳다고 하더라도 그 주장의 맹점은 여전히 자기는 잘못한 것 하나 없고, 조상 탓으로 억울하게 죽을 뻔했는데 예수가 나 대신 죽은 것이 되기 때문이다.

그렇다면 예수는 나를 대신해서 죽은 것이 아니다. 왜냐하면 나는 오늘 본문의 강도처럼, 죽는 것이 당연하고도 마땅한 죄인이 아니기 때문이다. 여기 문제가 있다. 살인이나 민란 같은 죽을 죄를 지은 적이 없는 내가 왜 죽어야 하는가. 입술로는 백번 '나는 죄인입니다' 하더라도 사실 그 속에서는 '천만의 말씀'이 도사리고 있는 것이 우리 아닌가. 이렇게 말하는 근거가 무엇이냐고 물을 것이다. 그 근거란 이런 것이다. 우리들의 의식이나 믿음 속에 '나는 예수를 믿었으므로 구원 받는다' 는 생각을 가지고 있다는 점이다. 예수를 믿는 것이 우리에게는 구원의 보증수표요, 예수에게는 그 보증수표를 결제해 주어야 하는 의무가 된 것이 현실이다.

자기가 죄를 지었으면 자기가 본문의 강도처럼 죽을 일이지 왜 애꿎은 예수가 내 대신 죽어야 하는가. 그러고도 속이 편한가. 멀쩡한 살인강도는 살아서 세상을 활보하고 아무 죄도 없는 사람이 무고히 죽어야 하는 것이 하나님의 의(義)라면, 그런 하나님은 죽어도 못 믿겠다는 자존심도 우리는 없는 사람들인가. 예로부터 대한민국은 염치를 알고 체면을 중시하는 좋은(?) 전통을 가지고 있었다. 그럼에도 불구하고 죄는 자기가 짓고 그

대가는 생면부지의 예수가 짊어졌다는 사실에 대하여 왜 감사하고 앉아 있는가. 오히려 내가 참으로 죽어 마땅한 죄인이라면 떳떳이 다른 사람 탓하지 말고 죽는 것이 지극히 당연한 상식이요, 윤리요, 도리 아니겠는가. 아무리 예수 그리스도가 나를 대신해서 죽어 주겠다고 하더라도 손톱만한 양심과 티끌만한 염치만 있다면 어떻게 감히 그래 주십사고 얼굴에 철판을 깔 수 있느냐 하는 것이다.

그러나 오늘날 너무나 많은 사람들이 그러한 예수의 죽음을 '감사' 하고 있다. 이것이 과연 감사할 일인지 아니면 통곡할 일인지….

한마디로 죽을만한 죄인은 아니라는 증거다. 현장에서 간음하다 붙잡혀 온 여자가 아니라 간음하고 있는 여자를 붙잡아 온 서기관과 바리새인들 틈에 끼여 있는 자신이기 때문이다. 그래서 간음하지 않았으므로, 강도질 하지 않았으므로, 불의, 토색하지 않았으므로, 결과적으로 저 세리나 죄인들과 같지 아니하므로 감사 기도하고 있는 것이다(눅18:9-14). 나 자신이 죽을만한 죄인이 아닌데 어떻게 예수가 나를 대신해서 죽을 수 있는가. 논리의 모순이다. 분명히 어느 한 곳이 잘못되어 있다.

본문의 강도에게 있어서의 은혜는, 구원받을 이유도, 가치도, 아무런 의미도 없는 자기 삶에 대한 보응을 스스로 거두고 있다는 점이다. 죄의 삯은 사망(롬6:23)이라는 말씀에 따라 자기가 심은 대로 거두고 있는 것이다(갈6:8). 죄를 심었으면 죽어야 한다. 예수가 대신 죽는 것도 아니고, 그렇다고 나 혼자 죽는 것도 아니다. 하나님의 사랑은 이것이다. 죄는 나 혼자 지었는데 죽음은 예수가 함께 한다는 점이다. 본문의 강도를 보자. 그는 자기 죄 때문에 죽지만 아무 죄 없는 예수께서 그의 곁에서 그와 함께 죽는 모습 — 이것이 바로 나의 죽음과 그의 죽음의 연합, 곧 세례(롬6:1-5)의 모형이다. 죽음의 연합 없이는 부활의 연합도 없다. '대신 죽음'을 좋아하시는 분들도 '대신 부활' 즉 나의 부활은 없고 예수께서 나 대신 부활하신다는 말씀 앞에는 별로 좋아하지 않을 것이다.

왜 죽음만 대신이어야 하는가. 그렇다면 부활도 대신일 것이다. 그리스도와 연합하여 부활하고 싶으면 먼저 그와 연합하여 죽어야 할 것이다. 죽어야 할 이유도 없는 내가, 설사 죽어야 할 일이 있다고 하더라도 예수 그리스도의 대속으로 말미암아 편하게 천국 갈 수 있는 길을 내버려 두고, 이 재미있는 세상을 하직하기에는 내 나이가 너무 젊지 않은가. 하나님과 세상을 위하여 할 일이 너무 많지 않은가. 자식이라도 키워 놓고 가야 되지 않겠는가.

나의 죽음을 나의 죽음만으로 버려두지 않으시려고 예수께서는 나와 함께 죽으신다. 왜냐하면 나에겐 부활의 능력이 없기 때문이다. 그러므로 내가 죽고 그리스도 예수로 부활케 하시려고 부활이요 생명이신(요11:25) 당신이 나와 함께 십자가에 죽으시는 것이다. 이론이 아니고 교리가 아니라 실제적 죽음이요 현실적 삶이다. 죄의 삯인 사망을 '지나서' 그리스도 예수 안에 있는 영생이다(롬6:23). 그래야 사도 바울이 고백한 대로 '내가 그리스도와 함께 십자가에 못 박혔나니 그런즉 이제는 내가 산 것이 아니요 오직 내 안에 그리스도께서 사신 것이라'(갈2:20)

는 말씀이 나에게 이루어진다.

　본문의 강도야말로 가장 확실한 죄인이었으며 그러므로 구원이나 죄 사함에 대한 털끝만큼의 기대나 미련이 없었다. 소위 말하는 '마음을 비운' 것이다. 이런 사람에게만 구원이 은혜요, 선물이다 (엡2:8-9). 그렇지 않으면 구원이라는 것은 모두 자기가 '믿은' 것에 대한 대가나 보상에 불과하다. 대가나 보상은 요구할 권리가 있다. 마치 본문의 또 다른 강도처럼 '네가 그리스도가 아니냐, 너와 우리를 구원하라' 고 요구하게 되고 그것이 이루어지지 않으면 자기들의 행위를 증거로 내세우며 예수 그리스도께 왜 우리를 구원해 주지 않느냐고 항의하게 된다(마 7:22-23, 눅13:25-). 그러나 본문의 강도는 예수께 대하여 자기를 구원하라고 요구하지 않는다. 그 정도의 철면피는 아니었기 때문이다.

　다만 42절 — 예수여, 당신의 나라에 임하실 때에 나를 생각하소서. 분명히 '나를 구원하소서' 와는 뉘앙스가 다르다. 왜냐하면 구원받지는 못하더라도 그리스도의 기억 속에서나마 살아 있을 수 있다면 하는 소망이 그 속에 포함되어 있기 때문이다. 구원 받지 못하더라도 그리스도의 생각 속에 내가 있고, 또한 상대방이 나를 기억해 주기를 바라는 사람이 어찌 그를 생각하지 않을 수 있을 것인가를 유추해 볼 때, 틀림없이 그 강도도 그리스도를 그의 생각 속에 간직하고 있을 터인데 신기한 것은 그것이 곧 구원이라는 점!

　버렸다고 생각했는데 여전히 살아서 숨 쉬는 이 생명, 이 신비!

어찌하여 그런가. 하나님 말씀이기 때문에 그렇다.

> 무릇 자기 목숨을 보존하고자 하는 자는 잃을 것이요 잃는
> 자는 살리라 (눅17:33).

우리는 신앙생활을, 목숨을 보존하고자 해서 하는가, 아니면 목숨을 버리고자 해서 함인가. 예수의 십자가와 구원 받은 한편 강도의 십자가는 2천 년 전 갈보리 언덕에 저처럼 분명한데 내가 죽어야 할 나의 십자가는 지금 어디에 있는가. 찬송가 구절처럼 멸시 천대의 십자가는 감수할 수 있을지 모르지만 나를 죽이는 그 십자가는 어디 있는지도 모르면서 우리는 매년 돌아오는 부활절을 어김없이 지켜야 하는가. 이 한편 강도는 오늘날 신자들을 향하여 무어라고 말하고 있을 것인가.

24

연약이라는
이름의 불신

히4:1

그러므로

우리는 두려워할지니

그의 안식에 들어갈 약속이

남아 있을지라도

너희 중에 혹

미치지 못할 자가 있을까 함이라.

예수께서 이 땅에 오신 이유를 여러 가지로 설명할 수 있을 것이다. 오신 목적이 여러 가지라는 뜻이 아니라 여러 가지 면에서 조명해 볼 수 있다는 말이겠다. 그중의 하나, 이사야의 글을 인용한 마태는 '우리의 연약한 것을 친히 담당하시고 병을 짊어지기 위하여'(마8:17)라고 기록하고 있다. 그렇다면 예수께서 왔다 가신 지도 어언 이천 년이 흐른 이 시점에서 과연 인간들의 연약과 병은 온전히 예수께 짊어지워져서 인간들은 무병장수하고 있는가.

　　그렇지 못하다. 왜냐하면 오늘날 신자들 대부분의 전매특허가 '마음에는 원이로되 육신이 약하다'(마26:41)기 때문이다. 그래서 '하늘에 계신 너희 아버지의 온전하심과 같이 너희도 온전하라'(마5:48)는 말씀이나 '내가 거룩하니 너희도 거룩할지어다'(벧전1:16) 같은 말씀도(분명히 명령법 동사임에도 불구하고) 성화(聖化)라는 묘한 교리에 꿰어서 '어떻게 인간이 온전할 수 있나요, 온전하도록 노력하는 거지요, 그러니까 거룩하게 살려고 애쓰는 것 아니겠습니까'라는 변명으로 두루뭉수리 넘어간다.

그렇다면 왜 성경은 온전하라거나 거룩하라고 말씀하셨는가. 우리가 그렇게 못 살 줄 뻔히 아는 하나님께서 괜히 우리의 마음에 짐이나 지우려고 그러셨는가. 하나님이 인정하시는 선(線)은 온전하도록, 거룩하도록 열심히 노력하는 정도가 아니라 실제로 당신처럼 온전하고 거룩해야 한다. 부모를 공경하려고 노력하는 것은 부모를 공경하는 것으로 인정되지 않는다는 말이다. 실제로 공경해야 공경하는 것이다. 기도생활을 중요시 하시는 분에게 묻겠다. 당신은 사도 바울의 말한 바 '쉬지 말고 기도하라'(살전5:17)는 말씀대로 정말 쉬지 않고 기도하시는가? 성경의 일점일획도 떨어지면 안 될 테니까 생활의 대부분을 기도하는 시간에 할애했다 해도 말씀대로 사는 것은 아니다.

성경의 명령과 우리의 반응 사이에 어떤 구렁이 있는가. 성경은 '이러저러하게 하라'인데 우리의 반응은 '어떻게 인간으로서 그럴 수가 있나요. 다만 그러도록 노력하면 되지요'다. 그것만으로도 우리는 하나님 앞에 할 바를 다 한다는 얘기인지 아니면 그러니까 은혜로 구원 받는다는 얘기인지 아둔한 나의 생각으로는 도통 앞뒤가 맞지 않는 얘기들뿐이다.

아니다. 분명히 성경의 명령대로 살았으면 산 것이고 못 살았으면 못 산 것이지 그렇게 살려고 노력했다는 것이 변명의 구실이 될 수 없다. 즉 자신이 연약해서 성경말씀대로 못 살았다는 말은 그의 '연약'을 담당(마8:17)하러 오신 예수 그리스도를 만나지 못했다는 방증 외에 아무것도 아니다. 예수를 만났다면 그분이 그의 연약을 짊어지셨을 터요 그랬더라면 이웃을 네 몸같이 사랑하라는 말씀이 '아멘'으로 살아졌을 것이다. 문제는 '연약'을 짊어지러 오신 예수를 만나지 못했으므로 자기는 '연약하기 때문에'를 변명으로 내세우게 된다. 그러므로 항상 배우나 마침내 진리의 지식에 이를 수 없는 불쌍한 사람이 되고 만다(딤후3:7).

인간이 연약하지 않다는 말이 아니다. 물론 연약하다. 그러므로 예수께서 오셨는데 문제는 오신 예수께서 인간의 연약을 고쳐 강건하게 해 주겠다는데도 그러고 싶지 않은 것이 인간의 불신이란 말이다. 그래서 성경은 다음과 같이 탄식한다.

이 백성들이 마음이 완악하여져서 그 귀는 듣기에 둔하고 눈은 감았으니 이는 눈으로 보고 귀로 듣고 마음으로 깨달아 돌이켜 내게 고침을 받을까 두려워함이라 (마13:15).

무슨 말씀이신가.

한마디로 예수 그리스도에 의하여 고침을 받는 일이 일어날까 두려워하고 있다는 말씀이 아니고 무엇이랴. 즉 이 백성들의 마음이 완악해지고, 귀는 듣기에 둔해지고, 눈을 감은 이유가 무엇인가 하니 '혹시' 예수의 말에 귀 기울이고 그래서 말씀을 보게 되어 '예수식'으로 하나님을 믿게 되면 어떻게 할까를 '염려'하고 계신다는 말이다. 즉 지금의 '연약' 상태가 좋다는 말이다. 괜히 지금도 잘 믿고 있는데 예수에 의하여 내 믿음을 흔들리고 싶지 않다는 말이다. 그래서 예수의 메시지를 일부러 외면하고 있는 것이다.

우리는 모든 성경학자나 목사님들의 말대로 '죄' 가운데 태어나서 '죄' 가운데 살아왔다. 즉 죄가 우리의 체질이라는 말이다. 그래서 죄인의 상태가 좋다. 죄를 낙(樂)삼아 즐기고 있다. 솔직히 죄 가운데서 벗어나고 싶지 않은 것이다. 그러므로 일반적으로 생각하는 죄가 성경적 죄는 아니라는 말이기도 하다. 죄를 즐기고 있는 사람들에게 그 죄로부터 해방시켜 주겠다는 예수의 가르침이 얼마나 환영받았을 것인가.

죄에서의 해방은 미지의 세계요, 미지라는 것은 불안을 수반하게 마련이므로 미지의 예수에게 삶을 맡기기에는 현실이 너무 소중했던 게 이스라엘 백성들이다. 어찌 이천년 전 유대인에게 국한된 말이겠는가? 어떤 분은 '죄를 즐긴다'는 말에 펄쩍 뛰실 수도 있으리라. 그러나 잠깐, 그러면 죄 짓지 않고 살려고 노력도 아니 하는가. 그렇지 않을 것이다. 문제는 거기 있다. 죄를 즐긴다는 말이 무슨 말인가. 바로 죄 짓지 않으려고 애쓰고 수고하는 그것이 죄를 즐기는 것이다. 그래서 '하나님, 오늘도 저의 육신의 연약함으로 인하여 죄를 지을 수밖에 없었습니다. 그리스도의 피 공로로 사하여 주시고' 운운하는 자체가 죄를 즐긴다는 말이다. 하나님께서는 우리가 죄를 지을 수밖에 없는 존재라는 것을 우리보다 더 잘 알고 계신다(히4:13). 우리가 죄 지었다고 고백하기 전에 알고 계신다. 따라서 하나님은 대제사장 되신 예수 그리스도로 말미암아 우리의 죄를 씻기시고 다시는 죄를 범치 않는 자(요일5:18)로 만들어 주시기를 원하신다. 그럼에도 불구하고 우리는 여전히 죄 짓고 회개하기를 좋아한다. 물론 죄의 개념도 다르고….

본문 히브리서 4장 1절은 '그러므로 우리는 두려워하자'(청유형)로 시작된다. 왜 두려워하지 않으면 안 되는가. 그것이 그 다음 말씀이다. 즉 그의 안식에 들어갈 약속이 남아있을지라도 너희 중에 혹 미치지 못할 자가 있을 수도 있기 때문이라는 말씀 같은데, 무슨 말인가.

이 부분은 설명이 좀 필요하다. 즉 '그의 안식에 들어갈 약속이 남아있을지라도'에는 별문제가 없으나(분사구문의 양보), '너희 중에 미치지 못할 자가 있을까 함이라'는 다시 생각해 보아야 한다. 원문을 옮겨보자.

μήποτε … δοκῇ τις ἐξ ὑμῶν ὑστερηκέναι.
(메포테 … 도케 티스 엑스 휴몬 휘스테레케나이)

이 문장의 주어는 티스(τις: 어떤 자)고 동사는 도케(δοκῇ)인데, 메포테(μήποτε: ~하지 아니하도록, lest)는 접속사로서 4장 1절 전체문장의 주동사인 '두려워하자'의 이유를 설명하고 있다. 문제는 도케(δοκῇ)라는 동사와 마지막에 나오는 휘스테레케나이(ὑστερηκέναι) 부정사를 어떻게 보느냐에 있다. 도케(δοκῇ)는 동사 도케오(δοκέω: 생각하다, ~처럼 보이다, 여겨지다, 자신이 기뻐하다 등의 의미를 가짐)의 가정법 현재 능동태 3인칭 단수고, 휘스테레케나이(ὑστερηκέναι)는 동사 휘스테레오(ὑστερέω: 부족하다, 궁핍하다, 모자라다)의 완료 능동태 부정사다.

결국 문장의 주어인 티스 엑스 휘몬(τις ἐξ ὑμῶν: 너희 중의 어떤 자)이 무엇을 어떻게 할지도 모르니까 두려워하자는 얘기인데, 개역의 번역처럼 미치지 못할 자가 있을지도 모르니까 두려워하자는 얘기인가. 도케오(δοκέω)를 개역에서는 '있을까'로 번역했는데 그런 의미의 말씀이 되려면 부정사 휘스테레케나이(ὑστερηκέναι)가 분사 휘스테론(ὑστερηρῶν)으로 바뀌어야 한다(히12:15참조). 즉 '미치지 못하는 자'에서 '미치지 못하는'은 분명히 분사로서 티스(τις: 어떤 자)를 수식하는 형태기 때문이다. 그러나 본문의 휘스테레케나이(ὑστερηκέναι)는 분명히 부정사로서 티스(τις: 어떤 자)를 '수식'할 수 있는 형태가 아니다.

그러면 무엇인가. 부정사는 문장 안에서 명사적 기능을 한다는 것을 모르는 사람은 없다. 이 단어는 타동사 도케오(δοκέω)의 목적어를 담당한다. 그러면 뜻이 어떻게 되는가. '너희 중에 어떤 자(τις ἐξ ὑμῶν)가 부족한 것(ὑστερηκέναι)을 좋아하지(δοκέω) 아니하도록(μήποτε)'이다. '미치지 못할 자가 있을까 함이라'로 얼버무릴 일이 아니다.

그러면 구체적으로 무엇을 말하는가. 부족한 것을 좋아하는 사람이 있다는 말인가. 그렇다. 이것이 노예근성이요 거지근성이다. 자유는 자유를 알고 누리는 사람에게나 소중한 것이지 노예에게는 서푼어치 가치도 없다. 부족한 것(ὑστερηκέναι)이란 무엇인가.

누가복음 15장 11절 이하에 등장하는 집나간 탕자가, 가지고 간 재산을 다 없이한 후에 그 나라에 크게 흉년이 들어 비로소 느낀 그 '궁핍함'이다. 그런데 그 궁핍함을 좋아할 수 있는가. 결코 그러면 안 되고 그럴 수 없다고 생각하시겠지만 본문의 말씀은 그걸 좋아하시는 분들이 있을 것임을 지적하고 있다. 왜 그런가. '나는 죄인이다'라는 자책이 그로 하여금 '궁핍함'을 참고 지내게 만드는 것이다. 즉 아버지 재산을 몽땅 허비했다는 죄책감이 감히 아버지 집의 '풍요함'을 꿈꿀 엄두조차 내지 못하게 만들고 있는 것이다.

정작 죄는 아버지의 재산을 허비했다는 데 있는 것이 아니라, 그 궁핍함에서 돌이키지 아니하고 궁핍을 무슨 팔자인 줄 알고 살아가는 데 있다. 즉 체면 때문에 아버지께로 돌아가지 못하는 분이 간혹 한둘 있는 것이 아니라 출애굽을 한 유대인들 모두가 (여호수아와 갈렙을 제외하고는) 가나안의 풍요보다 애굽의 궁핍(실제로는 풍요)에 더 익숙한 삶을 살았다는 게 성경의 지적이다.

예수 안 믿고 사는 삶에 넌더리내본 적이 없는 사람은 예수 믿을 필요 없다. 즉 '궁핍함'이 지나쳐서 돼지 먹는 쥐엄 열매도 구할 수 없어야 '궁핍'이 무엇이고 '풍요'가 무엇인지 안다. 그 전에는 '궁핍'하게 사는 것이 무슨 '훈장'인 줄 안다. 그래서 하는 말 — 나는 부족하오나 — 이다. 부족한 줄 하나님이 아신다. 그래서 안식을 약속하시고 이미 그 안식에 들어간 자도 있으니(히4:10), 우리도 들어가기를 힘쓰자(히4:11)고 권하고 있는데, 어떻게 그 안식을 살아서 누리느냐고 억지 부리지 말라는 말이다.

그래서 '오늘날 너희가 그의 음성을 듣거든 너희 마음을 강팍케 말라'(히4:7)하였음에도 불구하고, 미지의 가나안은 모르고, 우리는 죄인이고 연약하고 부족해서를 주장하고 있다. 그러지 말라는 말이다. 죄인이고 연약함으로, 부족한 채로, 궁핍한 가운데 죽어 천국의 소망이나 가지고 사는 것을 믿음의 생활인 줄 착각하지 말라는 말이다.

그래서 히브리서 4장 2절은 '저희와 같이 우리도 복음 전함을 받은 자이나, 그러나 그 들은 바 말씀이 저희에게 유익되지 못한 것은 듣는 자가 믿음을 화합하지 아니함이라'고 탄식한다. 즉 들은 바 말씀이 우리로 하여금 안식을 누리도록 해 주겠다는데 '우리는 죄인이므로 안식을 누릴 수 없습니다.'고 하지 말란 말이다. 하나님 앞에 오기 부릴 일이 아니다. '나는 죄인입니다'라는 고백이 팔자타령이 되어서는 안 된다는 말이다. 정말 죄인임을 안 사람은 말로 회개하지 않는다.

그러므로 이사야 선지자는 '여호와께서 말씀하시되 오라 우리가 서로 변론하자. 너희 죄가 주홍 같을지라도 눈과 같이 희어질 것이요, 진홍 같이 붉을지라도 양털같이 되리라'(사1:18)고 하셨다. 어디로 오라고 청하시는가. '여호와께로'가 아닌가.

여호와가 어디 계신가. 자기가 죄인인 줄 알았으면 입술로 '나는 죄인입니다' 하지 말고 그 죄를 사하시는 여호와를 찾을 일이다. '교회'에 그 여호와가 계시는가. 맞다. 여호와 하나님은 교회에 '계셔야' 된다. 그러나 인간들이 벽돌과 콘크리트로 지어 놓은 그곳이 교회인가.

하늘은 나의 보좌요 땅은 나의 발등상이니 너희가 나를 위하여 무슨 집을 지을까. 나의 안식할 처소가 어디랴 (사66:1).

하나님의 음성 앞에 잠잠하자. 그래도 '예배당'이 있어야 된다고 주장하지 말자. 예배당이 있기 전에 여호와를 만날 일이다. 그래서 주홍 같고 진홍 같던 죄를 눈같이 양털같이 씻김 받는 일이 급선무다. 그러고 나서 비로소 '예배'를 입에 올릴 수 있는 사람이 된다. 죄가 뭔지도 모르면서 다만 성경이 모든 사람은 죄인이라고 하니까, 교회에서 그렇게 배웠으니까 나는 죄인이라고 생각하는 한 우리는 여전히 '죄를 즐기는 것'에 다름 아니다.

죄 짓고 회개하고, 또 살다 보면 연약하므로 또 죄 짓고 그래서 한 달 지은 죄 몽땅 철야기도로 회개하고, 일 년 지은 죄 금식기도로 회개하고, 그래도 뇌리를 떠나지 않고 괴롭히는 죄 — 사랑하지 못한 죄, 충성 봉사하지 못한 죄, 부모님 공경하지 못한 죄, 전도하지 못한 죄 — 끝도 없다. 히브리서 6장 1절은 그런 죽은 행실을 회개하는 일을 버리라고 권한다. 왜냐하면 죄란 사랑하지 못한 것이 아니라 사랑하지 못한 것이 죄라는 그 생각이 죄기 때문이다.

그러므로 '연약'이란 것이 얼마나 막강한 죄의 무기인 줄 알았을 것이다. '나는 연약하기 때문에'를 입에 올리지 않을 때, 비로소 우리는 우리의 연약을 이길 수 있다. 왜냐하면 연약이란 하나의 허상이기 때문이다. 내게 능력 주시는 자 안에서는 우리는 더 이상 연약할 수 없고, 예수를 믿는다고 하면서도 연약하다는 변명은 자기는 예수를 안 믿는다는 말과 같은 것이기 때문이다.

그러므로 우리는 두려워하자. 비록 그의 안식에 들어갈 약속이 남아 있을지라도 우리 중에 누가 부족한 것(궁핍, 연약)을 당연한 것으로 여기지 아니하도록!

25

어찌 내 말한 것이
떡에 관함이 아닌 줄을 깨닫지 못하느냐

마16:5-12

예수께서 가라사대 믿음이 적은 자들아

어찌 떡이 없음으로 서로 의논하느냐.

너희가 아직도 깨닫지 못하느냐.

어찌 내 말한 것이

떡에 관함이 아닌 줄을 깨닫지 못하느냐.

오직 바리새인과 사두개인들의 누룩을 주의하라 하시니,

그제야 제자들이 떡의 누룩이 아니요

바리새인과 사두개인들의 교훈을 삼가라고

말씀하신 줄을 깨달으니라.

개념(概念)이란 것이 무엇인가.

개념을 학술적이나 논리적으로 설명하려면 꽤 어려운 단어들을 동원해서 상당히 많은 지면을 할애해야 할 것이므로 생략하고, 하나의 예를 들어 개념에 대한 정의를 내리고자 한다. 예를 들어 '기차'라는 단어가 가지는 개념은, 우리가 '기차'라는 말을 들었을 때 그 말에 대하여 깊이 생각을 하거나 연구를 하지 않더라도 당장에 연상되는 것이 '철길을 달리는 쇠로 만든 어떤 것'인데, 이렇게 연상되는 '어떤 것'을 우리는 그 단어의 개념이라고 할 수 있다.

그런데 그렇게 연상되는 이유는 그가 기차를 타 보았거나 혹은 철길을 달리는 기차를 구경했거나 아니면 책을 통해서 기차란 이런 것이라고 배웠기 때문이다. 그러한 '배움의 과정'이 없이는 개념이 형성될 수 없다. 때문에 한 사람이 가질 수 있는 개념의 범위는 그 사람이 살아온 삶의 영역을 넘어설 수 없다.

즉 열대지방에서 태어나 다른 외부로부터의 문화적인 유입이 전혀 없는 상황에서 '눈(雪)'에 대하여 설명을 한다고 할 때, 비록 '비가 추운 날씨에서는 물의 형태로 내리지 않고 얼음의 결정으로 내리게 되는데 이것이 눈(雪)이다'라고 아무리 설명을 한다고 하더라도, 그 사람들이 우리가 가지는 눈에 대한 개념을 가질 수 없는 것과 마찬가지다. 그래서 이런 사람들에게는 아무리 성경이 '오라 우리가 서로 변론하자 너희 죄가 주홍 같을지라도 눈과 같이 희어질 것이요(사1:18)'라고 하더라도 그것이 실감나게 들릴 수 없다.

그런데 문제는 한 가지가 더 있다. 위에서 언급한 것처럼 눈(雪)에 대한 개념이 없는 사람은 그것이 무엇인지 알 턱이 없으므로, 그런 말씀을 보면 당연히 의문이 생길 터이나, 본문의 눈(雪)을 눈(眼)으로 생각하고 이해했다면 — 물론 이것은 극단적인 예지만 — 이것이야말로 심각한 문제가 아닐 수 없다. 즉 성경을 쓴 저자의 개념으로, 그 저자가 의도하는 의미와 무게를 가지고 성경말씀을 대해야 한다는 점이다. 단순히 사물의 이름이나 — 예를 들어 산이라든지 강이라든지 하는 — 의미하는 보통명사라면 일반적으로 가지는 개념의 오차나 편차가 그리 크지 않지만, 믿음이라든지 의(義)라든지 총명이라든지 하는 딱히 '이것이다'라고 할 수 없는 추상적인 개념에 있어서는 그 개념의 편차는 사람에 따라서 엄청나게 다를 수도 있기 때문이다.

내가 성경의 저자들이 사용하고 있는 '개념'으로 성경을 보느냐를 생각해 보아야할 필요성이 여기에 있다. 서로 이야기하는 '말'이 같다고 해서 '의미'가 같은 것은 아니기 때문이다. 성경이 아브라함의 하나님, 이삭의 하나님, 야곱의 하나님을 반복 강조해서 부르짖는 이유는, 하나님이라고 다 같은 하나님이 아니라 아브라함과 이삭과 야곱이 가졌던 그 '내용'만이 참 하나님이기 때문이다. 내가 말로 아무리 '하나님을 믿습니다' 한다고 하더라도 아브라함의 하나님을 믿는 것이 아닐 수도 있는 것은, 마치 어떤 사람이 바위 하나를 신으로 모셔놓고, 그 바위의 이름을 '하나님'이라고 붙여놓은 다음, 거기에 기도하고 예배하고 제사 드린다고 이 사람이 하나님을 믿는 사람이 될 수 없는 것과 같은 이치다.

마태복음 16장에 나타난 문제는 바로 이 개념의 문제에 있어서 예수의 개념과 제자들의 개념이 서로 맞지 않음을 나타내주는 말씀이라 볼 수 있다. 소위 '누룩'에 대한 예수의 시각과 제자들의 시각 차이를 지적하신 말씀인 것이다.

먼저 예수께서 바리새인과 사두개인들의 누룩을 주의하라는 말씀을 하시게 된 배경이 어디에 있나 살펴보자. 5절의 말씀을 보면 제자들이 떡 가져가기를 잊었다는 상황설정으로부터 본 소절이 전개된다. 왜 하필이면 제자들이 떡 가져가기를 잊은 상황이라는 전제하에 예수께서 '누룩'에 대하여 말씀을 시작하시는가. 언제는 제자들이 떡을 챙겨 가지고 다녔었는가. 다른 때에도 떡을 가지고 가지 않았지만 본문처럼 '떡 가져가기를 잊었다'는 기록이 없었는데 하필이면 왜 여기서는 그 점을 지적했느냐 하는 점이다. 이 점부터가 심상치 않다.

다른 때에는 떡을 가지고 가지 않더라도 제자들이 떡에 대한 의식이 없었지만 본문에서는 제자들이 그것을 의식하고 있었다는 점이 중요하다(7절). 예수는 제자들의 '떡'이나 '누룩'에 대한 개념을 간파하시고 그들의 개념을 바꾸기 위하여 — 당신의 개념으로 깨우치기 위하여 — 제자들이 '아, 우리가 떡을 가져오지 않았구나!' 생각할 때에 느닷없이 '바리새인과 사두개인들의 누룩을 주의하라'고 말씀하신 것이다. 도둑이 제 발 저린다고, 예수의 이 말씀에 대한 제자들의 반응이 대뜸 '아차, 우리가 떡을 가져오지 않았구나!'로 나타나고 있는 것이다.

예수의 '누룩' 이야기를 듣자마자 왜 제자들은 '떡'이 생각되었는가. 왜 동일한 문화권과 동일한 시대를 살아간 예수와 그 제자가 '누룩'에 대한 개념이 서로 달랐는가. 아무리 그들이 떡 가져가기를 잊었다고 하더라도 왜 예수의 입에서 '누룩!' 그러자 '떡'이 화답으로 나왔는가.

시인(是認, 호모로게오 ὁμολογέω)이란 무엇인가.

그리스도의 말씀이 나를 통하여 나의 말씀이 되는 것이 시인(是認)일진대 과연 이 제자들이 예수의 말씀을 시인(是認)한 것인가. 유감스럽게도 그러지 못하고 있다. 그러면 과연 우리는 우리가 한창 배고플 때에 '떡' 하고 예수께서 우리를 향하여 말씀하신다면 우리는 무엇이라고 화답할 것인가. 요한복음 6장의, 하늘로서 내려온 생명의 떡이 연상될 것인가 아니면 마태복음 4장의 사탄이 말하는, 돌로 만든 떡을 연상할 것인가. 물론 그 당시 떡과 누룩은(현재도 그렇지만) 불가분의 관계에 있었다. 떡이라고 하면 누룩이 연상되고(그것 없이는 떡이 안 되니까), 누룩을 이야기하면 떡이 연상되는 것은 당연한 것이었다. 그래서 예수가 누룩을 주의하라고 했을 때 제자들은 떡이 연상되었던 것이다. (여기서 떡이라는 말은 누룩을 가지고 만드는 빵을 의미한다. 사실 떡은 누룩으로 만들지 않는다. 다만 빵이라는 말보다 떡이라는 말이 우리 개념에 더 친숙해서 개역성경의 번역자들이 떡으로 한 것인데 독자들이 새겨서 읽어야 할 부분이다).

그런데 이 '당연'한 것이 문제가 되고 있는 것이 본문이다.

그러면 예수가 누룩으로 떡을 만든다는 그 육신적 진리를 몰라서 그런 말씀을 하셨을까. 결코 그럴 수 없다. 왜냐하면 예수도 그 당시의 생활환경 속에서 실제로 사셨던 분이기 때문이다. 그런데 왜, 예수는 누룩을 영적인 의미로 말씀 하시는데 제자들은 육적인 개념으로 받아들였는가.

제자들 속에 영적인 개념은 없고 육적인 개념밖에 없었기 때문이다. 육적인 사람은 아무리 영적인 말씀을 듣더라도 그것을 육적인 개념으로밖에는 이해할 도리가 없다. 이것이 비극이다. 그래서 '썩어지지 아니하는 하나님의 영광을 썩어질 사람과 금수와 버러지 형상의 우상으로 바꾸었느니라(롬1:23)'는 말씀이 나오게 된다. 누룩과 떡의 하나님적인 개념은 영적인 것인데, 그 영적인 예수의 말씀을 듣는 제자들이 육신적인 누룩과 떡으로 '새겨듣고' 자기들이 떡을 준비하지 못했음을 후회하고 있으니 번지수가 잘못되어도 한참 잘못되었다.

그런데 이 제자들이 어떤 제자들인가. 예수 따라 다닌 지 하루 이틀 된 사람들인가. 아니다. 예수의 지적대로 떡 다섯 개로 오천 명을 먹이고 열두 광주리 가득히 남긴 사건의 현장에서

'떡 수거 반' 으로 봉사하던 제자들이었고, 떡 일곱 개로 사천 명을 먹이고 일곱 광주리 차게 거둔 사건의 목격자들이었다. 그런 신나는 기적의 현장에서 예수가 어떤 분이라는 것을 체험한 사람이라면, 그 다음부터는 (실제로 본문은 16장이고 15장 마지막 사건이 칠병이어 사건이다) 일부러라도 떡을 준비해 가지 않았을 터인데, 본문의 제자들은 예수를 실망(?)시키고 있다. 더구나 마태복음 15장에서는 칠병이어 사건뿐만이 아니라 한 가나안 여자가 예수께 와서 그 딸의 병을 도와 달라고 했을 때 '자녀의 떡을 취하여 개들에게 던짐이 마땅치 아니하다' 는 예수의 말씀이 나타나 있어, 예수께서 떡에 대하여 어떻게 생각하고 있는가 하는 것을 제자들이 알아 들었을만도 한데… 안타까운 일이다.

예수의 책망은 이것이다.

떡을 가져 오지 않았다는 데 대한 책망이 아니라 당신의 말씀이 떡에 관하여 하신 말씀이 아닌데 제자들이 떡에 관하여 하신 말씀인 줄 '생각' 했다는 점을 책망하신 것이다.

어찌하여 내 말한 것이 떡에 관함이 아닌 줄을 깨닫지 못하느냐. 그만큼 따라다니면서 봤으면 떡이 그런 육신의 떡이 아닌 줄 알았을 터인데, 어찌하여…, 예수의 이 '어찌하여' 를 듣는가.

어찌하여 하나님께 예배를 드리지 않느냐고 책망하시는 것이 아니라, 어찌하여 나의 말한 예배가 '회당' 에 모여서 기도하고 찬송하는 그런 것이 아닌 줄 깨닫지 못하느냐고 책망하시는 것이다.

어찌하여 기도하지 않았느냐고 책망하시는 것이 아니라, 어찌하여 나의 말한 기도가 회당과 큰 거리 어귀에 서서 기도하는 것이 아님을, 말을 많이, 오래 하여야 하는 것이 아님을, 무엇을 먹을까, 무엇을 입을까, 무엇을 마실까를 구하는 것이 아님을 깨닫지 못하느냐고 책망하시는 것이다.

할 수 없는 일이다. 예수가 아무리 훌륭한(?) 말씀을 하면 무엇에 쓸 것인가. 컴퓨터를 사줬더니 기껏 한다는 짓이 지나가는 엿장수에게 엿 바꿔 먹는 것과 하나도 다를 것이 없다. 컴퓨터는 컴퓨터로서의 가치와 소중함을 알 때 비로소 존재의 의미가 있다.

무릇 흙에 속한 자는 저 흙에 속한 자와 같고 무릇 하늘에 속한 자는 저 하늘에 속한 자와 같으니(고전15:48), 혈과 육은 하나님 나라를 유업으로 받을 수 없고(고전15:50), 흙에 속한 자, 혈육으로서는 하늘에 속한 것들의 개념을 이해할 수가 없다. 그래서 하늘에 속한 예수가 '누룩!' 말씀하시자 흙에 속한 제자들은 '떡!' 했던 것이다. 이상할 것이 하나도 없다. 물론 하나님은 그런 제자들을 당신의 열심으로 하늘에 속한 자를 만드셨지만 본문의 상황 속에서는 분명히 흙에 속한 자들이다.

동일한 말씀이라도 그것을 읽는 사람이 하늘에 속한 사람이라면 하늘에 속한 말씀으로 수용될 것이고 그 사람이 땅에 속한 사람이라면 당연히 육적인 개념으로 이해하게 될 것이다. 예를 들어 주기도문에 나오는 '오늘날 우리에게 일용할 양식을 주옵시고'에서 '양식'이 무엇인가. 원문 상으로는 그대로 본문의 떡과 동일한 아르토스(ἄρτος)인데 과연 육신의 떡인가. 아니면 영적인 떡인가. 아니면 어떤 이의 말처럼 골치 아플 것 없이 영의 양식도 되고 육의 양식도 되는가. 대답은 간단하다. 내가 육적인 사람이라면 그 양식은 육적인 양식이다. 마찬가지로 내가 육적인 양식을 바라고 그 기도를 하고 있다면, 내가 육적인, 흙에 속한 자라는 방증이다. 또한 영적인 사람이라면 말할 것도 없이 양식은 영적인 양식으로 이해될 것이다.

그러면 육의 양식도 되고 영의 양식도 된다는 그럴듯한 논리의 사람은 어디에 속한 사람일 것인가.

한 사람이 두 주인을 섬기지 못할 것이니 혹 이를 미워하며 저를 사랑하거나 혹 이를 중히 여기며 저를 경히 여김이라. 너희가 하나님과 재물을 겸하여 섬기지 못 하느니라 (마6:24).

'겸하여 섬기지 못 하느니라' 다. 성경이 겸하여 섬기지 못 한다고 하면 아무리 인간이 훌륭하고 뛰어나도 못 한다. 성경이 '못 한다'고 단정하는 것을 '할 수 있다'고 우기지 말자. 이것이 다름 아닌 두 마음을 품은 자다. 속에 있는 것이 밖으로 나온다는 말씀을 빌지 않더라도, 그 속에 두 마음이 있기 때문에 두 가지 양식이 나오는 것이다. 동일한 양식에 대하여 예수님은 '어찌하여 떡에 관함이 아닌 줄 깨닫지 못하느냐'고 책망하시는데, 또한 요한복음 6장에서는 당신 자신이 생명의 떡임을 그토록 강조하고, 썩는 양식을 위하여 일하지 말고 영생하도록 있는 양식을 위하여 일하라고 말씀하시는데도 불구하고, 언제까지 육신의 양식도 되고 영의 양식도 된다고 하는 궤변을 늘어놓을 것인가.

오호라! 두 마음을 품어 모든 일에 정함이 없는 자로다(약 1:8). 두 마음을 품은 자들아 마음을 성결케 하라(약4:8).

육신적인 마음을 품고 성경을 바라보라. 그렇게 보일 것이다. 경제학자의 눈으로, 법학자의 눈으로 성경을 바라보라. 역시 그렇게 보일 것이다. 철학자의 눈으로 성경을 바라보라. 성경은 훌륭한 철학교과서가 될 것이다. 내가 무엇을 더 말하랴…

'오늘날 우리에게 일용할 양식을 주옵소서'를 가르쳐 주신 주님의 마음(개념)을 갖자. 주님의 눈을 갖자. 그래서 그 마음으로, 그 눈으로 성경을 보자. 그것이 없이는 시인(是認)도 없고 시인(是認) 없이는 구원도 없다.

누가 주의 마음을 알아서 주를 가르치겠느냐 그러나 우리가 그리스도의 마음을 가졌느니라 (고전2:16).

26

하나님의 일과
사람의 일

마16:21-28

사탄아

내 뒤로 물러가라

너는 나를 넘어지게 하는 자로다

네가 하나님의 일을

생각지 아니하고

도리어 사람의 일을

생각하는도다.

본문은 유명한 베드로의 신앙고백 (주는 그리스도시요, 살아 계신 하나님의 아들이시니이다. 마16:16) 사건 바로 다음에 나오는 말씀이다.

본문에서 보는 바와 같이 비록 베드로가 예수를 향하여 그리스도시요 하나님의 아들이시라는 위대한 고백을 했음에도 불구하고 그 다음 상황에선 '사탄'으로 전락하는 원인이 어디에 있는가. 왜 베드로는 예수께서 예루살렘에 올라가 장로들과 대제사장들과 서기관들에게 많은 고난을 받고 죽임을 당하고 제 삼일에 살아나야 한다는 말씀에 대해 '그리 마옵소서'라고 하게 되었던가.

바로 전에 있었던 신앙고백의 주체는 누구고, 지금 예수를 붙들고 간(諫)하는(ἐπιτιμάω, 에피티마오: 비난하다, 책망하다, 훈계하다) 주체는 누구인가. 얼핏 보기에는 둘 다 베드로라는 사람의 입을 통하여 나온 말인데, 예수의 평가는 그야말로 천지차이 아닌가.

베드로로 하여금 '그리 마옵소서, 이 일이 결코 주에게 미치지 아니 하리이다' 라고 말하게 한 주체는 예수의 말씀 가운데서 알 수 있는 것처럼 '사탄' 임에 틀림없는데 문제는 그 사탄과 베드로가 어떤 관계로 존재했느냐 하는 점이다.

여기에 인간의 소위 진심이나 진정의 문제가 잘 나타나 있다. 많은 사람들이 인간의 진심과 진정을 자칫 신앙의 문제로 연결시키기 쉬운데, 본문은 신앙과 인간의 진심과는 아무런 상관관계가 없으며, 오히려 그러한 인간의 진심이나 진정이 하나님의 일을 생각지 못하게 가로막는 사탄적 요인이라는 것을 지적하고 있다.

어찌하여 그런가.

베드로를 생각해 보자. 소위 베드로가 '그리 마옵소서.' 한 말이 베드로의 진심이 아니었던가. 자기 딴에는 진정으로 예수를 위한다고 생각하여 한 말 아니었던가. 삼 년이라는 세월 동안 동고동락하며 스승으로 모신 예수께서 고난 받고 죽임 당한다는 사실 앞에, 정상적인 인간이라면 이 말 외에 어떤 말을 할 수 있을 것인가. 이것은 지극히 당연한 인간적 귀결이다. 베드로의 이 말을 비난하는 사람이 예수 앞에 있었다면 그는 무엇이라고 했겠는가. 모르긴 해도 아마 '그래, 당신은 십자가에 죽어야 한다' 라고 했을 것 아닌가.

그러나 정말 그렇게 말할 수 있겠는가. 차라리 베드로처럼 사탄이 될지언정 '그리 마옵소서!' 하는 것이 쉽지, 인정머리 없이 '그렇습니다. 내가 이렇게 될 날을 기다리고 있었습니다.' 라고 할 수 있겠는가. 인간의 진심으로는 그럴 수가 없다.

이 '그럴 수 없는' 인간의 진심(진정)이란 것이 과연 무엇인가. 예수를 믿는다는 것은 인간적 진심을 버리는 길이기도 하다. 우리들 인간적 진정으로는 도무지 예수께서 그리스도라는 사실조차 인지할 수 없다. 그래서 예수께서는 이 인간적 진심을 본문의 앞부분인 17절에서는 '혈육'(σὰρξ καὶ αἷμα, 사르크스 카이 하이마)으로 표현하셨으며 본문에서는 '사람의 일'(τὰ τῶν ἀνθρώπων, 타 톤 안드로폰)로 말씀하셨다.

결국 16절의 신앙고백은 베드로가 제 정신(혈육)으로 한 말이 아니었으며, 본문인 22절에 와서야 비로소 제 정신이 돌아와 '그리 마옵소서.' 한 것인데 그 제 정신이 사탄일 줄이야 베드로가 꿈이나 꾸었겠는가. 신앙은 인본주의(人本主義)가 아니다. 신앙은 마음에도 없는 예배를 드리느냐, 마음과 부합되는 예배를 드리느냐의 문제가 아니다. 자기 진정의 예배냐 하나님 진정의 예배냐의 싸움이다.

그러므로 요한복음 4장 23절에 나오는 '신령과 진정으로'의 예배를 '영적이고 마음을 다한 진정의 예배'로 생각하여 그렇게 예배를 드리는 것은, 본문 22절의 베드로처럼 '그리 마옵소서'를 진정으로 외치는 것과 같다. '신령과 진정으로'는 예배의 방법론이 아니다. '어디에서 예배할 것이냐'에 대한 대답이다. 즉 이 산에서도 말고 예루살렘에서도 말고(요4:21) 신령과 진정으로(ἐν πνεύματι καὶ ἀληθείᾳ, 엔 프뉴마티 카이 알레데이아, 성령과 진리 안에서) 예배드리라는 말이다. 신령과 성령, 진정과 진리, '으로'와 '안'에서의 차이가 곧 인본(人本)과 신본(神

本)의 차이다. 진심으로 '그리 마옵소서.' 하고 있으면서 하나님께 예배드린다고 생각하고 있으니 안타까운 일이 아닐 수 없다.

이 예배가 곧 사람의 일임을 알아야 한다. 예배라는 말이 종교적이라고 해서 하나님적이기도 한 것은 아니다. 예배는 드리는 것이 아니라 성령과 진리 안에 머물고 있는 상태임을 알아야 한다. 본문에서도 나타나는 것처럼 신앙은 하나님의 일을 '하느냐 안하느냐'의 문제가 아니라, 무엇을 생각하느냐(φρονέω, 프로네오)의 문제임을 알 수 있다. 행함은 생각의 결과고, 드러나고 나타난 일일 뿐이다. 신앙은 결과적이거나 보이는 현상을 이야기하는 것이 아니다(롬8:24-25). 다만 결과적이거나 보이는 현상을 가능케 한 원인으로서의 존재(요1:3)를 '생각' 하는 것이 신앙의 전부다. 이것을 본문에서는 하나님의 일(τὰ τοῦ θεοῦ)과 사람의 일(τὰ τῶν ἀνθρώπων)로 구분하여 그 중 무엇을 생각하느냐를 묻고 있는 것이다.

여기서 일로 번역된 타(τὰ)는 중성 복수 관사로서 꼭 일(ἔργον, 에르곤, 요6:29)로만은 볼 수 없고 하나님적인 '모든 것들' 로, 협의적인 일의 개념보다 광의적인 개념으로 해석해야 한다.(이런 관용어구가 쓰인 곳을 보면

마22:21 그런즉 가이사의 것은 가이사에게 하나님의 것(τὰ τοῦ θεοῦ)은 하나님께 바치라 (여기서는 타(τὰ)가 20절의 이 형상과 글을 대표한다고 볼 수 있다).

고전2:10-14 사람의 사정(τὰ τοῦ ἀνθρώπου)과 하나님의

사정(τὰ τοῦ θεοῦ)

히2:17 이는 하나님의 일(τὰ πρòς τòν θεόν)에 자비하고 충성된 대제사장이 되어

히5:1 하나님께 속한 일(τὰ πρòς τòν θεόν)에 예물과 속 죄하는 제사를 드림

이상에서 볼 수 있는 것처럼 하나님의 작정과 계획 속에 설 정되어 있는 모든 사항들을 통틀어 하나로 말할 때 쓴다).

당연히 예수께 있어서 하나님의 일은 21절의 말씀, 예루살렘 에 올라가… 많은 고난을 받고 죽임을 당하고 제 삼 일에 살아 나야 하는 것이었다. 문제는 베드로가 예수의 이러한 하나님의 일(τὰ τοῦ θεου)을 생각지 못했다는 데 있다. 그래서 자기 진 심을 가식 없이 말했던 것인데, 이미 지적했던 것처럼 그 진심 이 사탄이 되고 말았다.

신앙은 하나님적인 것들을 '생각하는' 것이다. 사도 바울의 표현을 빌어보자.

육신을 좇는 자는 육신의 일(τὰ τῆς σαρκòς, 타 테스 사 르코스)을, 영을 좇는 자는 영의 일(τὰ τοῦ πνεύματος, 타 투 프뉴마토스)을 생각하나니, 육신의 생각은 사망이요 영의 생각은 생명과 평안이니라 (롬8:5-6).

즉 사도 바울은 하나님의 일과 사람의 일을 영적인 것들과 육신적인 것들로 구분하여, 육신적인 것들을 생각지 않고 영적

인 것들을 생각하는 사람이 곧 영을 좇는 사람이며 이 사람이 곧 로마서 8장 1절의 그리스도 예수 안에 있는 자라는 것(이 부분 알렌드 역을 텍스트로 삼은 개역성경에는 나타나지 않으나 스테판 역을 기준한 KJV 등에는 잘 나타나 있음)을 단도직입적으로 표현했다. 즉 그리스도 예수 안에 있다는 것은 영을 좇는 자라는 말이요, 또한 이것은 영적인 것을 생각하는 자라는 말이다. 결국 핵심은 내가 영적인 일을 생각하느냐의 문제임을 알 수 있는데, 그렇다면 영적인 일이란 무엇인가. 예배와 기도가 영적인 일인가.

분명히 예배와 기도는 영적인 것들이다. 그러나 간과하지 말 것은 예배나 기도 그 자체는 영적인 일이지만 예배를 드린다든지 기도를 한다는 것은 영적인 일이 아닐 수도 있다는 사실이다. 예배나 기도는 결코 행위나 말일 수 없다. 이것을 행위(예배 시간에 참석한다든지)나, 말로서 예배드리고 기도할 수 있다고 생각한다면, 그것이 아무리 예배나 기도라고 할지라도 그것은 육신적인 일임을 알아야 한다. 육신적인 일을 진심으로 했다고 신앙이 되는가. 어림없는 소리다. 영의 일($\tau\grave{\alpha}$ $\tauo\hat{v}$ $\pi\nu\epsilon\acute{v}\mu\alpha\tauo\varsigma$)에 대한 이해가 급선무다.

예수께서 하신 말씀을 보자.

살리는 것은 영이니 육은 무익하니라. 내가 너희에게 이른 말($\tau\grave{\alpha}$ $\acute{\rho}\acute{\eta}\mu\alpha\tau\alpha$, 타 레마타)이 영이요 생명이라 (요6:63).

그렇다면 영적인 타($\tau\grave{\alpha}$)가 무엇이겠는가. 또한 그것을 생각한다는 것은 무엇이겠는가. 더 이상 말할 필요가 없겠다. 한 군데 더 사도 바울의 글을 읽어보자.

그러므로 너희가 그리스도와 함께 다시 살리심을 받았으면 위엣 것을 찾으라. 거기는 그리스도께서 하나님 우편에 앉아 계시느니라. 위엣 것(τὰ ἄνω, 타 아노)을 생각하고 땅엣 것(τὰ ἐπὶ τῆς γῆς, 타 에피 테스 게스)을 생각지 말라 (골3:1-2).

여기서는 타 투 데우(τὰ τοῦ θεου)가 타 아노(τὰ ἄνω)로 타 톤 안드로폰(τὰ τῶν ἀνθρώπων)이 타 에피 테스 게스(τὰ ἐπὶ τῆς γῆς)로 표현되었음을 알 수 있다. 위엣 것이 무엇인지는 본문에 나타난 대로 하나님 우편에 앉아계시는 그리스도와 연관해 쉽게 생각할 수 있겠다. 그러나 우리가 생각지 말아야할 땅엣 것은 과연 무엇인가. 이 땅엣 것에 대한 바른 이해가 선행되지 않으면 자칫 땅엣 것이 위엣 것으로 둔갑하여 자기가 위엣 것이라고 주장하는 일이 벌어지겠기 때문이다(살후2:4-5). 그래서 땅엣 것에 매달려 있으면서도 위엣 것을 찾고 생각하는 줄 착각할 수 있기 때문이다.

골로새서 3장 1절을 자세히 보면 문장의 시작이 '그러므로'로 되어 있음을 알 수 있다. 즉 위엣 것을 찾으라는 말은 '그러므로' 이전의 내용에 대한 결과적인 권면이라는 점이다. 따라서 골로새서 2장은 땅엣 것이 주는 폐단과 결국을 설명하고 있으며 '그러므로' 위엣 것을 찾으라는 말씀이 골로새서 3장의 주류를 이루고 있다.

그러므로 '땅엣 것'이란 골로새 성도들을 속이려는 공교한 말(골2:4)로부터 시작하여, 철학과 헛된 속임수(8절), 의문에 쓴 증서(14절), 먹고 마시는 것과 절기 월삭 안식일의 문제(16절), 겸손함과 천사 숭배함(18절), 사람의 명과 가르침(22절, 마15:1이하 참조), 끝으로 자의적 숭배(23절 ἐθελοθρησκείᾳ, 에델로드레스키아, 자기식의 예배)에 이르기까지 모든 종교적인 인간들의 행위를 의미한다.

이러한 '땅엣 것'을 술이나 마시고 돈 버는 일에 정신이 없는 정도로 생각하면 오해도 이만저만한 오해가 아니다. 그러면서 주일마다 교회 나가 예배드림으로 '위엣 것'을 생각한다고 생각하면 이 예배야말로 자의적 숭배(골2:23)에 불과하며 따라서 그것이 곧 땅엣 것을 생각한 결과기도 하다. 결국 땅엣 것과 위엣 것의 차이는, 영화구경이냐 예배냐의 차이가 아니다. 누구의 생각으로 영화구경을 하고 누구의 마음으로 예배를 드렸느냐의 문제다.

그러므로 본문(마16:24이하)에서 예수가 제자들을 향하여 … 나를 따라오려거든 자기를 부인하고…라고 말씀하신 '자기'가 무엇인지 알았을 것이다. 성경에는 시인과 부인의 문제가 빈번히 등장하고 있다. 이 시인과 부인은 한 사건의 양면을 가리키는 것이라고도 할 수 있다. 즉 예수 그리스도를 시인한다는 것은 자기를 부인한다는 말의 다른 표현이요, 예수 그리스도를 부인한다는 것은 자기를 시인한다는 말이기도 하다.

자기를 부인한다는 말은 결국 자기의 타인화(他人化)가 이루어졌다는 말이요, 자기의 객관화(客觀化), 즉 자기가 별개의 제3

자가 되었다는 말이다. 이것은 그리스도께서 나에게 주관화 되어 있지 않으면 있을 수 없는 일이다.

그러므로 자기의 생각으로 예배를 드리고 자기 계획으로 금식기도를 했다면 이 사람은 아직도 '자기를 부인하고'가 무슨 말인지 잘 모르는 사람이라고 할 수밖에 없다. 또한 아직도 육신의 것을 생각하는 사람이요 땅엣 것에 매달리는 사람이다.

믿음이란 인본적(人本的) 진심이 아니요 신본적(神本的) 삶이다. 혈육적 계산이 아니라 하나님에 의한 알려주심(ἀποκαλύπτω, 아포칼루프토, 계시. 마16:17)이다. 이것을 유일한 기쁨의 원천으로 삼고 주야로 묵상하며 사는 사람이 곧 복 있는 사람이다(시1:2). 큰일을 해야 되는 것이 아니고 '하나님의 일'을 '생각' 하는 것이 곧 복이요 믿음이다.

성구찾아보기

누가복음

2:28 / 126

5:11 / 187

6:38 / 229

7:34 / 137

8:13 / 126

9:5 / 126

9:48 / 126

10:6 / 153

10:8- / 126

11:36 / 148

12:30 / 151

12:13-21 / 175

13:25 / 248

14:28 / 151

15:11-32 / 157

16:8 / 158

16:12 / 192

16:1-13 / 193

16:19-31 / 158

16:26 / 114

17:1 / 202, 239

17:5-6 / 113

17:11-19 / 195

17:20-21 / 231

17:22 / 239

17:27-29 / 171

17:33 / 249

18:13 / 121

18:15-17 / 123

18:17 / 126

18:28-30 / 185

19:22 / 212

19:27 / 99

20:34-35 / 158

21:8 / 235

21:8-10 / 167

21:34-36 / 165

21:36 / 168

23:13-22 / 244

23:22-23 / 160

23:39-43 / 241

요한복음

1:1 / 23, 156

1:3 / 226, 277

1:4 / 24

1:12 / 153

3:3- / 237

3:16 / 24

3:19 / 139

4:21 / 276

5:6 / 141

5:24-29 / 219

5:39 / 23

5:39-47 / 21

5:42 / 27, 140

5:44 / 29

5:47 / 29

6:7 / 42

6:15 / 42, 95, 98

6:29 / 43, 277

6:33 / 43

6:35 / 43

6:40 / 43

5:53 / 43

6:60-61 / 41

6:63 / 279

6:66 / 43

7:1-9 / 133

7:10 / 137

8:15 / 24